diretta da Roberto Bonchio

78

In copertina: «Basilica» di Pesto; San Vitale a Ravenna
Design: Alessandro Conti

Prima edizione: luglio 1995
Tascabili Economici Newton
Divisione della Newton Compton editori s.r.l.

Roma, Casella postale 6214

ISBN 88-8183-062-0

Stampato su carta Libra Classic della Cartiera di Kajaani
distribuita dalla Fennocarta s.r.l., Milano
Copertina stampata su cartoncino Fine Art Board della Cartiera di Aanekoski

Bruno Zevi

CONTROSTORIA DELL'ARCHITETTURA IN ITALIA

Personalità e opere generatrici del linguaggio architettonico

Preistoria-Alto Medioevo

Tascabili Economici Newton

Controstoria dell'architettura in Italia

piano dell'opera

Architettura concetti di una Controstoria (Il sapere 26)
Perché controstoria. Caratteri e costi dell'architettura italiana. Periodizzazioni, termini e concetti storiografici

Paesaggi e città (Il sapere 61)

Personalità e opere generatrici del linguaggio architettonico

I. *Preistoria-Alto Medioevo*

II. *Romanico-Gotico*

III. *Rinascimento-Manierismo*

IV. *Barocco-Illuminismo*

V. *Ottocento-Novecento*

Dialetti architettonici
Indice generale

Architettura della modernità (Il sapere 43)

Abbreviazioni:

AC = *Architettura concetti di una Controstoria.* PC = *Paesaggi e città.* PA = *Preistoria-Alto Medioevo.* RG = *Romanico-Gotico.* RM = *Rinascimento-Manierismo.* BI = *Barocco-Illuminismo.* ON = *Ottocento-Novecento.* DA = *Dialetti architettonici e indice generale.* AM = *Architettura della modernità.*

Tascabili Economici Newton, sezione dei Paperbacks
Pubblicazione settimanale, 22 luglio 1995
Direttore responsabile: G.A. Cibotto
Registrazione del Tribunale di Roma n. 16024 del 27 agosto 1975
Fotocomposizione: Fabbrigrafica, Roma
Stampato per conto della Newton Compton editori s.r.l., Roma,
presso la Rotolito Lombarda S.p.A., Pioltello (MI)
Distribuzione nazionale per le edicole: A. Pieroni s.r.l.
Viale Vittorio Veneto 28 - 20124 Milano - telefono 02-29000221
telex 332379 PIERON I - telefax 02-6597864
Consulenza diffusionale: Eagle Press s.r.l., Roma

Indice

Premessa: le stagioni dei tre «gradi zero»

Dal «grado zero» della preistoria al «grado zero» dell'alto medioevo, attraverso il «grado zero» delle catacombe: ecco l'itinerario architettonico percorso nel primo dei cinque tascabili illustrati della «controstoria». Dalle caverne dei Balzi Rossi al Sacro Speco di Subiaco: i millenni a.C. e quello d.C.

Sono stati scelti venti monumenti secondo un criterio dialettico. Per la Magna Grecia, ad esempio, la «basilica» di Pesto e, per contrasto, il castello Eurialo di Siracusa; per il mondo bizantino, San Vitale e, in antitesi, il mausoleo di Teodorico a Ravenna. Del periodo romano abbiamo naturalmente privilegiato la produzione inerente al tardo-antico.

I testi critici che accompagnano le illustrazioni si possono leggere direttamente, senza mediazioni di apparati eruditi. Questi cinque volumetti sono tuttavia legati ai criteri storiografici, agli sviluppi territoriali e alle trame urbane descritti in due precedenti tascabili della stessa collana: *Architettura concetti di una Controstoria* e *Paesaggi e città*. Del primo segnaliamo le nozioni di paleolitico, neolitico, megalitico, civiltà nuragiche, nuclei italici, Etruria, magna Grecia, Ellenismo, Roma antica, arte «classica», tardo-antico, paleo o proto-cristiano, bizantino, alto medioevo (pp. 27-40); del secondo i corrispondenti capitoli, cioè l'universo paleolitico, insediamenti neolitici, il mondo nuragico, sinecismo etrusco e colonizzazione greca, infrastrutture e agglomerati romani, la destrutturazione barbarica (pp. 13-34). Il procedimento può essere capovolto, a scelta del lettore: subito le opere per risalire poi ai contesti paesaggistici e territoriali e alle concezioni storiografiche.

Per quanto attiene all'impianto illustrativo: ciascuno dei venti monumenti è documentato con una pluralità di immagini, che indicano la dinamica della visione architettonica; seguono, ben distinti perché non smarginati in alto né in basso, edifici affini. Pochissimi grafici, piante e sezioni, numerosi invece nei volumetti precedenti.

Caverne dei Balzi Rossi a Ventimiglia

informale preistorico

Menhir a Bitonto. Dolmen a Lecce. Grotte a Matera. Trulli ad Alberobello.

Nel 170.000-35.000 a.C. le grotte di Mentone sono già abitate dall'uomo di Neanderthal. Nell'età successiva, del paleolitico superiore e dell'Homo Sapiens, si evidenziano le prime manifestazioni artistiche. Le caverne, «santuario della preistoria mediterranea», attestano la presenza dell'uomo a partire dall'ultimo periodo interglaciale. La «grotta del Principe» esisteva un milione di anni fa.

Vuoti, anfratti e ripari offrono sequenze di singoli episodi e, insieme, una visione multipla, comunitaria. Si tratta comunque di registrazione fedele del quotidiano; nulla di paragonabile alle cavità magiche di Lascaux e Altamira.

Prima di individuare quanto c'è nelle caverne, notiamo quello che manca. È assente tutto ciò che di negativo è stato accumulato nell'architettura dei secoli posteriori. Paradossalmente si potrebbe affermare che, sotto il profilo linguistico, l'uomo moderno, in modo consapevole o inconscio, aspira a tornare all'esperienza cavernicola. Infatti la caverna:

– non ha facciata. Non sente il bisogno di chiudersi dietro un muro, si spalanca verso l'esterno. Oggi si mira ad aprire il «dentro» verso il «fuori», magari schermandolo con lastre trasparenti;

– non distingue tra pavimenti, pareti e soffitti. Esalta la continuità che fascia lo spazio, senza tentare di inscatolarlo. Più tardi, il morbo geometrizzante conculcherà tali valori disseccando il discorso in parallelepipedi, sicché i messaggi materici, i coinvolgimenti sensoriali, tattili, termici e olfattivi ne risulteranno attutiti o anchilosati;

– non omologa le luci. Le capta, le filtra, le possiede, le gestisce rifrangendole in ogni direzione sui rozzi macigni. Nell'architettura moderna, invece, con pochissime eccezioni (Wright, Le Corbusier a Ronchamp, Aalto a Imatra, Eero Saarinen nella cappella del MIT), le luci sono appiattite e inibite;

– trionfa nei suoi spessori. Ovunque troviamo spacchi, buche, ferite e lacerazioni, dislivelli ossessivi. Si sale e si scende, non si cammina mai in piano. Ignorati gli angoli retti come gli insulsi purismi accademici;

– non ha volume. Non posa sulla terra, le appartiene e vi si mimetizza. Wright ammoniva: non *sul*, ma *del* terreno. E chi invera questo auspicio meglio delle caverne? I loro multipli itinerari serpeggiano tra massi erosi dal vento e da solchi grumosi, sfrenati.

Con l'inizio della storia impera la tipologia, e solo rari grandi artisti la respingono. Ma le caverne sono intrinsecamente diverse una

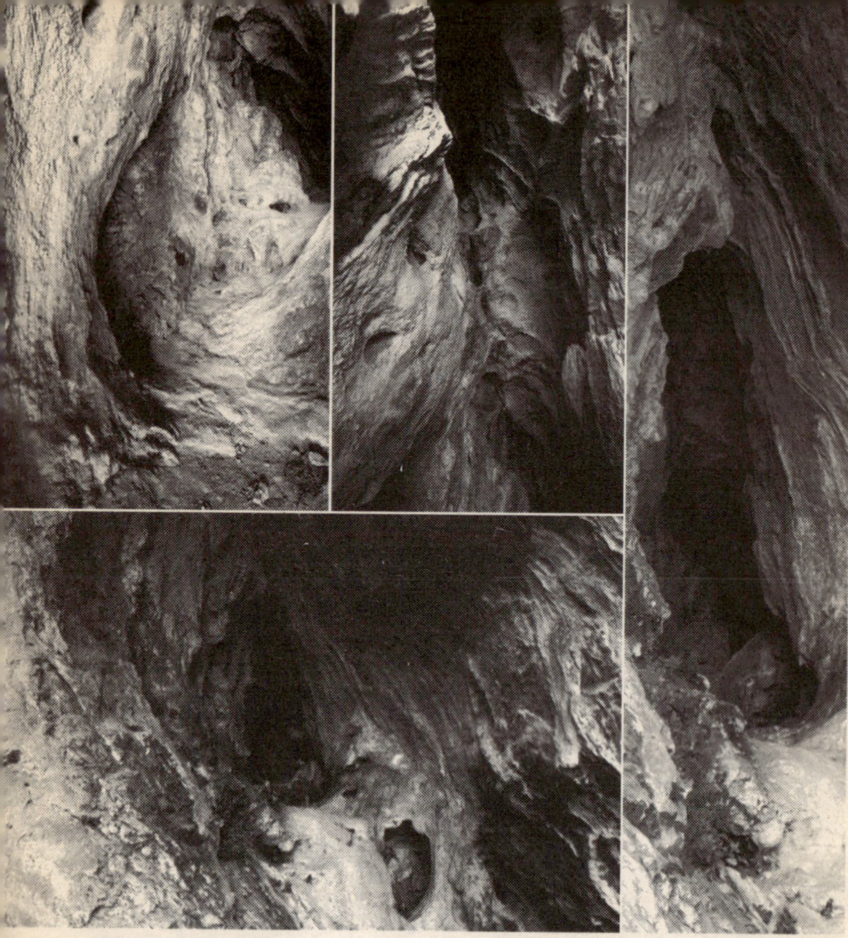

dall'altra, autonome, scevre di modelli.

Tale è il «grado zero», grammaticale e sintattico, della scrittura preistorica. Si dirama nelle capanne, nelle stazioni palafitticole, nelle strutture abitative dei nomadi, nei villaggi di trulli e negli sbalorditivi scenari di Matera.

informale preistorico

Caverne dei Balzi Rossi a Ventimiglia: p. precedente, sopra e in basso, *ingresso alle grotte;* p. a fronte, *cavità, corrugamenti e depressioni dell'involucro roccioso;* p. a fianco: sopra, *menhir a Bitonto, Bari (fine II mill.); dolmen a Lecce (XII sec. a.C.);* al centro, *case-grotta a Matera (età neolitica), scavate nel tufo, si abbarbicano ai pendii, quasi estrusioni del substrato fossile;* in basso, *trulli ad Alberobello (dal sec. XII a.C.) con volte coniche a gironi di pietra calcarea posti a secco su mura perimetrali alte m 3.*
[per Matera PC, p. 14]

«Su Nuraxi» a Barumini

poetica nuragica dell'imperfetto antiurbano

Nuraghe Asoru a San Vito. Villaggio nuragico a Palmavera.

L'istinto isolano esclude un habitat geometrizzato, armonico, simmetrico, chiuso aprioristicamente nel proprio assetto. La vita nelle grotte e negli insediamenti nomadi ci ha insegnato lo splendore dell'irregolarità e della contaminazione, delle luci riflesse in mille tagli arcani. Il mondo sardo non disperde questi valori; perciò il disegno non è precostituito, ma scandito da successive aggregazioni, secondo un gusto tipico, dice G. Lilliu, per «la linea curva globale».

Crescita per gemmazione di un'imponente fortezza polilobata e di un vasto impianto comunitario, linguaggio casuale, alieno dalla rifinitura e dal compiuto, adesione all'impulso del momento, all'improvvisazione, ad un modo di frantumare corrispondente all'etica tribale volta a dissociare l'abitato in microcosmi familiari.

La costruzione di «Su Nuraxi» si svolge nell'arco di oltre dieci secoli, dal nuragico arcaico (1450-1070 a.C.) alla conquista romana della Sardegna (238 a.C.). Le fasi salienti riguardano: il torrione a tre piani, alto m 18,60; l'organismo quadrilobato con torri, cortile, un'ampia sala comune all'aperto ove si svolge la vita quotidiana; la muraglia spessa m 6,20 che recinge il quadrilatero; il grandioso piombatoio del castello, sette torri che collegano la rocca al villaggio, una maestosa capanna; poi, dopo le distruzioni inferte dai cartaginesi, unità circolari e dimore concentriche.

Arte o fenomeno subalterno, periferico? Valutata con i preconcetti del classicismo, l'opera è «illetterata». Ma originale, inedito gesto creativo appare il processo di erosione in verticale, il sottrarre materia, peso e spessore all'interno dell'involucro, favorendo cavità, nicchioni, persino una scala elicoidale che morde la volumetria del mastio con un anello spettacolare. Dissonante rozzezza: «ordo barbaricus» d'impronta anticlassica.

Settemila unità turrite sparse nell'isola esprimono una cultura nettamente antiurbana. Poli di riferimento territoriale che, in punti strategici, vedono coagularsi interventi complessi, proliferati, di cui Barumini è l'esempio emergente. Percorsi tra sculture primordiali, ma con ascese sorprendenti, un moto liberatorio esattamente inverso a quello consueto rivolto a terra, in direzione ipogeica.

Abbandonata nel 238 a.C., Barumini è idealmente risorta a New York nel 1988 quando, nella mostra sul decostruttivismo, si sostenne il diritto degli architetti a non aspirare più al perfetto, al puro, per cercare la creatività nel disagio, nell'incertezza, nel disturbato.

Quale precedente migliore di Barumini?

Il gioco concavo-convesso ha spinto Zeppegno-Finzi ad ipotizzare un «barocco nuragico». Qui al ciclopico si affianca il popolare. Il numero di capanne che formano il villaggio protosardo varia da 40 a 200, con una popolazione massima di 1000 persone. Il nuraghe è situato, per lo più, al margine del borgo. Anche a Serrucci e Serra Orrios si conferma la tendenza all'abitato rotondo.

poetica nuragica dell'imperfetto antiurbano

«Su Nuraxi» a Barumini: pagina precedente, sopra e in basso, *fortilizio quadrilobato e aggregato insediativo scambiano grovigli di curve;* pagina a fronte, *gioco concavo-convesso di massi granitici giganteschi; ansa chiusa di un cortile e percorso.*
p. a fianco: sopra, *nuraghe Asoru a San Vito (X-VII sec. a.C.); villaggio nuragico a Palmavera, Alghero (X-VII sec. a.C.);* in basso, *interno di un nuraghe, la sommità della tholos di copertura scolpita dai filari di granito aggettanti.*
[per Barumini PC, p. 22]

«Basilica» di Pesto

volumi filtrati dal paesaggio

Tempio della Concordia ad Agrigento. Rovine di Selinunte. Tempio di Atena a Siracusa. Teatro a Taormina. Tempio di Segesta.

Data sintomatica: 530 a.C. circa, VI secolo, cioè cento anni prima dell'ibernazione stilistica dell'età ellenica cosiddetta «aurea», carica di raffinatezze anche sofisticate, ma assai meno vitale.

Scomponiamo subito l'organismo. Una piattaforma-stilobate poggia sul terreno (magnifico il suolo declinante di pietra incondita davanti al Partenone ateniese); una serie di birilli sovrapposti lungo il perimetro; una trabeazione e una copertura con frontone triangolare. Montaggio elementare, gioco non di carte ma di colonne. Nel mezzo, riservata ai sacerdoti e quindi sottratta alla fruizione del pubblico, una «cella» allungata riduce l'area percorribile ai corridoi esterni.

L'impegno artistico comincia qui. Disconoscendo lo spazio racchiuso, rassegnati ad una concezione meccanicistica dell'involucro edilizio, ai greci resta il compito di marcarne gli elementi con estrema maestria plastica: impeccabili correzioni ottiche nello stilobate e nelle trabeazioni, rastremazioni ed entasi nei fusti delle colonne, scanalature, intercolumni più ristretti e convergenti alle estremità, incantevoli e talora sublimi modanature nei capitelli. La sfida è scultorea più che architettonica, perciò Fidia è il massimo artefice di questo linguaggio.

La valutazione critica dell'intervento segnico offre la chiave per apprezzare le singole opere. E poiché spesso nella Magna Grecia si rivela scadente, ogni atteggiamento di indiscriminato entusiasmo appare retorico e privo di giustificazioni. Il mondo ellenico non è classicista, ma alimenta nei secoli tutti i classicismi, fino a quelli nazista e stalinista.

I rapporti dimensionali sono essenziali. Periptero con 9 colonne sul fronte e 18 sui lati, la «basilica» misura m 24,35 × 54, con cella di 13,52 × 40,27 bipartita da un filare colonnato che sostiene il culmine del tetto. Le basse colonne di m 4,68 sono contratte e oppongono capitelli con echini schiacciati alla trabeazione così pesante da ridurre gli intercolumni a m 1,54.

Un confronto con il vicino tempio di Poseidone sottolinea le peculiarità. La larghezza del fronte è quasi uguale ma, al posto delle 9 colonne, qui ce ne sono soltanto 6, sicché l'intercolumnio passa a m 2,43. Crescono la lunghezza del tempio (m 58,88) e specialmente l'altezza delle colonne che raggiunge m 8,89; quasi scompare l'entasi dei fusti, l'echino dei capitelli non è più emisferico e tende al tronco di cono; l'ambulacro è di m 3,30. Caratteristica del tempio di Poseidone, dice P.C. Sestieri, è la curvatura delle orizzontali, «per

la quale tutte le linee sia in basso che in alto hanno una convessità di due centimetri. Questa curvatura impedisce che le colonne diano l'impressione di divergere. Per lo stesso scopo, nei templi greci le colonne d'angolo sono inclinate verso l'interno; qui sono verticali, ma con scanalature inclinate. E poiché le colonne frontali hanno un diametro leggermente maggiore di quello delle laterali, quelle angolari non sono circolari ma ellittiche in modo che i due diametri corrispondano, secondo il punto di vista dell'osservatore, a quello delle colonne che si trovano dietro».

E allora, se tali sono i pregi del tempio di Poseidone, per quale motivo privilegiare la «basilica»? Rifugge il superbo isolamento, non si erge per favorire scorci dal basso, colloquia con l'intorno potenziando al massimo i messaggi del «muro in profondità» dato dal colonnato sullo sfondo della cella. Inoltre, si radica nel paesaggio di Pesto, è difficile pensarla come un oggetto in sé o, peggio, come un soprammobile. S'inquadra nel grigliato della città ippodamea, in un'ortogonalità quasi maniacale che tuttavia, all'opposto di quanto avverrà a Roma, parte dall'interno, dall'agorà, per fissare i suoi confini non secondo geometrie astratte, ma sulla base di concrete ragioni topografiche.

A Pesto, o Poseidonia, fondata verso il 600 a.C., mancano alture ove configurare un'acropoli. Ai templi è riservata un'area al centro della città, e la «basilica», diversamente da quelli di Poseidone e Cerere, gode della pianura che la circonda.

Evita così la progettazione di percorsi atti a metterla in risalto; mentre a Delfi la visione del tempio di Apollo dipende interamente dall'arduo itinerario necessario a raggiungerlo, e ad Atene il Partenone sottolinea l'esigenza del cammino indispensabile per conquistare l'ingresso ubicato sul lato rivolto dall'altra parte dei Propilei, la «basilica» respinge simili narcisismi. È democratica, aperta da qualsiasi lato. Vige in essa una valenza tremula, un vago senso di instabilità, una poetica ansia formale che sarà cancellata dal rigore dottrinario del V secolo.

Rapido panorama dei templi della Magna Grecia. Sovrasta per dimensione quello di Giove Olimpico ad Agrigento, ricco di telamoni, figure gigantesche addossate a pilastri: la superficie coperta era di m 55,10 × 120,87, circa il doppio del normale. Nella stessa Agrigento si annoverano il manierato tempio della Concordia, quello elegante di Era Lacinia, quelli corretti e banali di Eracle e di Castore e Polluce.

Panorama drammatico di rovine, con rocchi di colonne allineati a terra, Selinunte è sospesa tra costruendo e demolito. Stimolanti il non-finito di Segesta e lo scenario costiero del teatro di Taormina.

Alla Magna Grecia manca un capolavoro paragonabile all'Eretteo

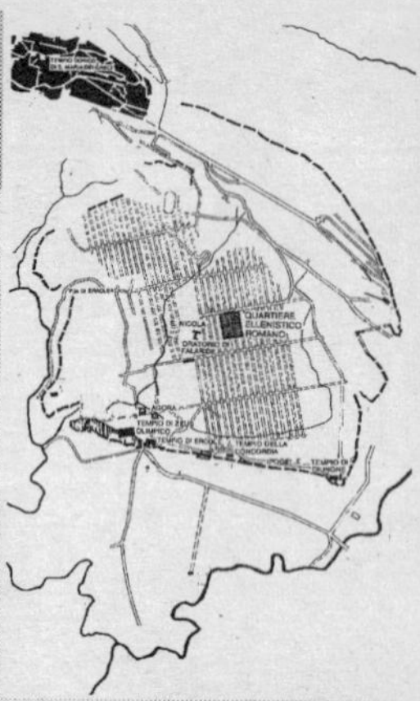

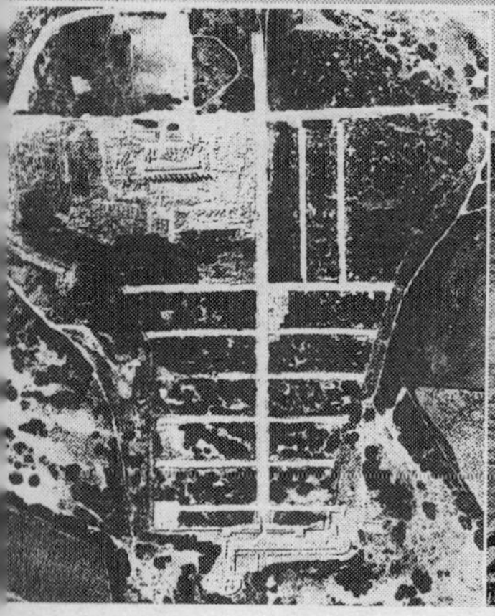

compiuto da Filocle nel 407 a.C., incastro di ambienti ed ordini discordi che, con parole greche, ipotizza un discorso organico, antiellenico.

volumi filtrati dal paesaggio

«Basilica» di Pesto: p. 19, *colonne «basse» ed echini schiacciati dialogano coll'intorno;* p. 21, *veduta dei templi e articolazione interno-esterno della facciata;* p. a fronte: sopra, *tempio della Concordia ad Agrigento (430-420 a.C.) e planimetria della città antica;* al centro, *Selinunte (metà V sec. a.C.) e scenario dei ruderi;* p. a fianco: a sin. in alto, *tempio di Atena a Siracusa (I metà del V sec. a.C.);* a destra in alto e al centro, *teatro a Taormina (III sec. a.C.);* in basso, *tempio di Segesta (424-416 a.C.).*

[per Pesto AC, p. 13 e PC, p. 28; per Agrigento e Selinunte PC, p. 28]

Castello Eurialo a Siracusa

controfaccia del purismo templare

Porta Marzia a Perugia. Arco di porta Giove a Faleri. Necropoli di Cerveteri. Insediamento di Spina.

Lì biancore luminoso di marmi, tripudio scultoreo e cromatico, fascino irresistibile di modanature concave e convesse. Qui, invece, scabra pietra naturale, estremo rigore tecnico condito di ruvidezza.

Come altre città della Magna Grecia, sin dalla fondazione Siracusa predispose un'attrezzatura difensiva, che poi si rivelò incontrastata sia in Sicilia che nell'occidente ellenico. I primi coloni trovarono un riparo nell'isoletta di Ortigia, le cui coste strapiombavano nel mare; ma un assedio del 414 a.C. dimostrò la fragilità di tale apparato. Sicché, quando fu affrontata la minaccia cartaginese, le mura vennero prolungate fino ad oltre 14 chilometri: la più vasta e geniale base militare dell'evo antico.

La muraglia era intervallata da massicce torri quadrate, situate non a distanze uguali, ma nei punti di depressione dove occorreva rafforzare il terreno. Nell'ultima parte dei lavori in pianura si dovettero risolvere problemi di immane dimensione. Programma febbrile che coinvolse migliaia di picconieri e terrazzieri. Aperto il cantiere nel 402 a.C., dopo venti giorni era stato innalzato il muro settentrionale per una lunghezza di m 4500; cinque anni dopo, le colossali fortificazioni erano compiute.

I templi immacolati rappresentano l'astrazione, l'immobilismo, l'impersonalità, il vestito simbolico del linguaggio greco, mentre il castello riverbera il grigio, sudato panorama urbano della Sicilia, contro cui si stagliavano i monumenti «puri». Fossati trasversali, gallerie sotterranee, alto mastio trapezoidale, bastioni, feritoie, camminamenti scavati nella roccia e ponti levatoi congegnano un sistema militare ovunque manovrabile. L'idea è che la resistenza difensiva deve essere dinamica, attiva; la fortezza risponde a criteri matematici e geometrici che indicano il coinvolgimento di Archimede.

Oggi le rovine sembrano volersi riassorbire nel suolo. Ma l'energia del disegno straripa, evocando una qualità rara nella storia: la magistrale gestione del territorio.

Esiste davvero un'architettura etrusca? Persino studiosi specializzati come R. Bianchi Bandinelli e A. Giuliano riconoscono che la produzione artistica etrusca, sebbene rimanga «la più originale e ricca dell'Italia preromana», consiste in gran parte «nella ricerca, del tutto esteriore, di imitare l'armonia formale dei modelli greci» e perciò «non arrivò mai a formare una sua propria tradizione». L'urbanistica etrusca ha una chiara identità, di regola anticlassica, naturalistica.

Ma l'apporto architettonico non va più in là di mura, porte, decorazioni. Manca la coscienza delle forme spaziali stagliate sul cielo. Abbondano nelle necropoli le cavità tombali di carattere empirico, parlanti solo ai romantici dell'archeologia che si commuovono a Cerveteri, Veio, Sovana, Tarquinia, Spina, Vulci e Marzabotto, al cospetto di qualsiasi rudere ipogeico.

controfaccia del purismo templare

Castello Eurialo a Siracusa: pagina precedente e a fronte, *vedute delle rovine. Dionigi ribalta la consuetudine fortificatoria trasportando le difese dalla superficie al sottosuolo. Una rete di cunicoli collega i tre fossati di sbarramento con le caserme e con i magazzini;* p. a fianco: a sin. in alto, *porta Marzia a Perugia (IV sec. a.C.);* a sin. al centro, *arco di porta Giove a Faleri Novi (241 a.C.);* a destra, *necropoli di Cerveteri (VII-V sec. a.C.);* in basso, *insediamento di Spina (VI-III sec. a.C.).*
[per Cerveteri PC, p. 24]

scoperta del continuum

Fu uno studioso viennese, Franz Wickhoff, non un retore «romanista», ad individuare nel 1895 l'originalità dell'arte romana. Essa non sceglie «un momento saliente che riunisca i personaggi principali del racconto in un'unica azione, per mostrarceli poi, in una seconda illustrazione, in un'altra situazione, proseguendo in una terza scena e in una quarta... Qui i protagonisti accompagnano il testo nel suo svolgersi, in uno scorrere ininterrotto... Questo modo continuo di comporre durò quindici secoli».

Da un lato, la concezione del Pantheon, dall'altro il film scolpito nella colonna Traiana inaugurano il nuovo linguaggio. L'antico Egitto, la civiltà sumerica, il mondo cretese-miceneo, gli etruschi e i greci ignorano lo spazio, i vuoti vissuti, significanti, dilatati o contratti, che veicolano il messaggio specifico dell'architettura. Spazio, in un primo tempo, contemplativo; quindi, nel tardo-antico e nel medioevo, pervaso di movimenti.

L'impianto del Pantheon risale al 27 a.C., dovuto ad Agrippa, genero e consigliere di Augusto, ma fu radicalmente ristrutturato tra il 123 e il 138 dall'imperatore Adriano. L'immagine non ha precedenti: trasmette lo straordinario sforzo compiuto per spostare l'impegno creativo dal contenitore edilizio al contenuto umano e sociale. Implica vincoli e timidezze, anzitutto il chiudersi in se stessi, nell'equivalenza tra diametro e altezza, ambedue di m 43,60, isolandosi così dall'ambiente se non per il portale d'ingresso e l'oculo superiore; neppure una finestra.

L'organismo è formato da una travolgente rotonda e da un pronao così male saldato al cilindro da far sospettare che sia stato aggiunto più tardi. Infatti, nato per offrire uno sfondo monumentale alla corte antistante le terme agrippiane, con le sue otto colonne frontali alte m 12,36 fra basi e capitelli e sormontate da un imponente timpano, questo pronao finiva per precludere la vista della rotonda serrata entro un muro circolare spesso fino a m 6,70 e chiaroscurato da sette nicchie di m 4,50 × 8.

Il senso di vaga oppressione provocato dalla spettacolare ma stagnante e rozza mole, quasi «una caverna ingigantita» in cui ci si sente imprigionati, dice E.A. Gutkind, non sminuisce l'eversione attuata dal Pantheon. Anche la più qualificata eredità ellenistica (si pensi, a esempio, al tempio di Marte Ultore nel foro di Augusto) viene qui messa in ombra dall'esplosivo «modo del narrare continuo». Scrive A. Riegl nel 1901: «La prima opera imperiale romana ha risolto il problema dello spazio interno trattato come materia cubica e lo ha fissato con misure assolutamente uguali e perciò chiare.

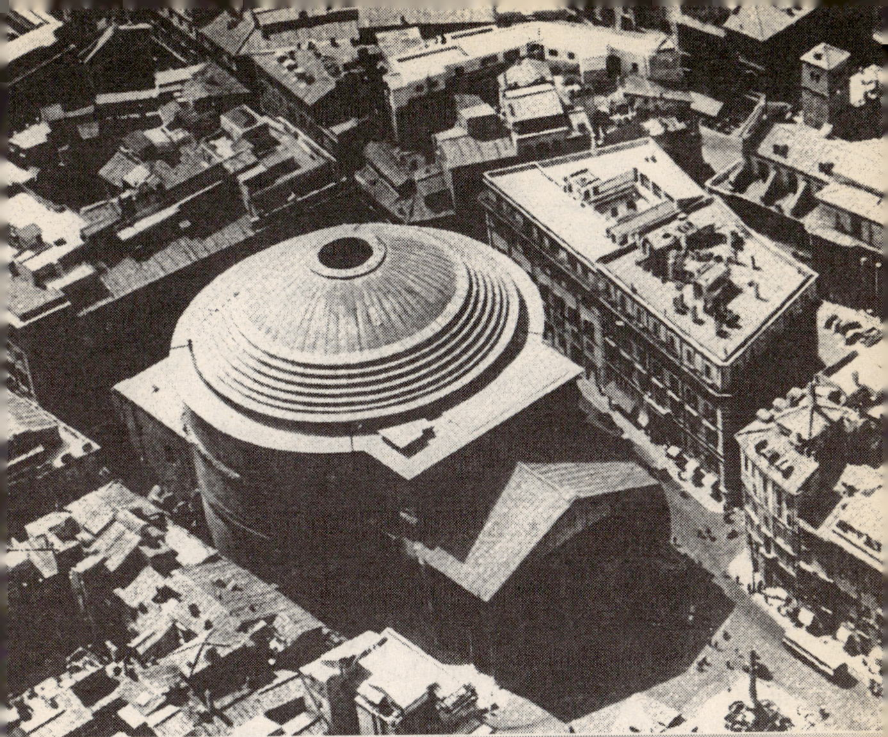

M AGRIPPA L F COS TERTIVM

Con ciò veniva realizzato quello che finora si era ritenuto irrealizzabile, vale a dire l'individuazione dello spazio».

Roma applica il nuovo linguaggio nelle terme, nelle basiliche, nei mercati, nei teatri e negli anfiteatri, lo verifica nelle tecniche del conglomerato. Non negli schemi urbanistici, dove persiste l'ortogonalità del castrum, ma certo a scala paesaggistica, negli acquedotti e nella rete stradale effusa nel continente. Il continuum così diramato promana dal cavo del Pantheon, dalla luce filtrante dall'oculo del diametro di m 8,92 che rifluisce sui cinque giri di cassettoni.

Rispetto all'edizione originaria, il Pantheon appare oggi denudato: scomparse le tegole bronzo-dorate che coprivano la cupola, le decorazioni del timpano, le travi bronzee del pronao asportate da Bernini per il baldacchino di San Pietro; vige il magnifico pavimento e, come valore compensatorio, il fascino del rudere.

Va ricordato che il livello dello slargo era più basso della piazza attuale di circa m 3: la rotonda risultava dunque invisibile davanti, perché ostruita dal portico, invisibile sul retro dove la contraffortava il tempio di Nettuno, e ben evidente solo nei fianchi. La più grandiosa cupola dell'antichità rinunciava perciò ad esibirsi, in omaggio al continuum urbano.

scoperta del continuum

Pantheon a Roma: pagina precedente, sopra, *veduta aerea; le lastre di piombo che rivestono la semisfera sostituiscono quelle in bronzo dorato trafugate nel 655;* in basso, *fronte sulla piazza; di sedici colonne corinzie del portico, otto perimetrali sono in granito grigio, le altre in granito rosso;* p. a fronte: a destra e a sin., *interno; la dimensione dei cassettoni e lo spessore della volta diminuiscono gradualmente avvicinandosi all'oculo;* p. a fianco, *il pavimento con l'originaria policromia.*

[per l'interno AC, p. 13]

Anfiteatro Flavio a Roma

scenario integralmente costruito

Come nel Pantheon, ma a cielo aperto, nessun contatto con l'interno. Se il teatro romano si articola tra emiciclo degli spettatori e scena, l'anfiteatro omologa cavità e punti di vista: la folla guarda la folla e ad essa si offre.

Il Colosseo attesta l'efficienza delle tecniche costruttive nel corso dell'era imperiale. Iniziato da Vespasiano nel 77, sei anni dopo l'incendio che aveva devastato la città, sorse nella valle occupata da uno stagno del parco della Domus Aurea neroniana. Fu inaugurato da Tito dopo appena un triennio. In un primo tempo, vennero innalzati i pilastri in travertino con le rispettive volte, cioè lo scheletro portante su cui poggia la cavea; i vari settori furono realizzati mediante molteplici cantieri operanti simultaneamente.

Il piano dell'organismo è studiato in modo da ottenere il massimo numero di posti a sedere e ampie scale d'accesso. Il doppio porticato a piano terra e le gallerie superiori servivano anche a riparare dalla pioggia; un velario di seta colorata veniva temporaneamente teso sui settori battuti dal sole.

I tre ordini di arcate sono decorati all'esterno con mezze colonne toscaniche, ioniche e corinzie, mentre il muro pieno del quarto livello è segnato da lesene corinzie, tra le quali si alternavano finestre e scudi bronzei voluti da Domiziano.

L'asse maggiore è lungo m 188; quello minore, 156; l'arena misura m 86 × 54; il podio è alto m 3 e l'inclinazione della cavea è di 37°. Altezza di m 57; perimetro: m 527. Il Colosseo poteva contenere 45.000 spettatori seduti e 5000 in piedi.

Al di là dello stupore determinato dalle eccezionali dimensioni, il valore estetico è relativo: un oggetto ingombrante, pago di se stesso, ravvolto da ordini eccessivamente ripetuti, moduli corretti ma non particolarmente ispirati. Comunica un messaggio di potere, non di poesia.

Gli ottanta fornici del piano terreno consentivano di trovare rapidamente il proprio posto; mentre ingressi speciali erano riservati alle autorità. La storia del Colosseo rispecchia quella di Roma: la condanna dei giochi gladiatori nel 325 non impedì che proseguissero fino alla metà del VI secolo; nel 1349 un terremoto fece crollare tutto il lato verso il Celio. Il rudere divenne una cava di materiali che servirono ad elevare numerosi edifici dei papi. S'intrecciano poi progetti di riutilizzazione, come quello di un lanificio avanzato da Sisto V, e di demolizione. In pratica, il monumento è in costante stato di restauro e viene usato per gli scopi più eterogenei, dalle stazioni della via Crucis a esposizioni di vario genere.

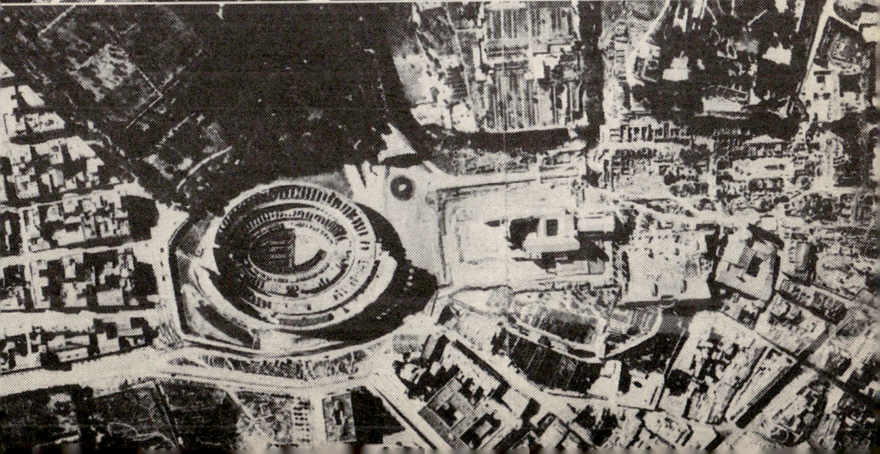

È certo che le vicissitudini drammatiche e le rovine hanno migliorato l'immagine, consentendo la simultaneità di scorci e di spaccati, e restituendo all'esterno visioni dell'interno. I restauri hanno arricchito la strumentazione espressiva con contrafforti in diagonale e impalcature mobili, in sospeso.

scenario integralmente costruito

Anfiteatro Flavio a Roma: pagina precedente, sopra e al centro, *vedute aeree;* in basso, *ripresa zenitale con i fori (verso destra) e l'area del Palatino (subito sopra);* p. a fronte: in alto, *il lato settentrionale col triplice ordine di arcate e l'attico;* al centro, da sinistra a destra, *scorci a livello terreno e scala di accesso al primo livello;* p. a fianco: in alto, *vista complessiva della cavea;* al centro, *plastico della ricostruzione ideale di Roma imperiale;* in basso a sinistra, *camminamento rettilineo sotto l'arena;* in basso a destra, *ambulacro del primo piano.*

visione paratattica e illusionismo

Tempio di Marte Ultore. Basilica di Massenzio. Foro Romano e Fori Imperiali. Mercati Traianei.

La strada costruita da un dittatore negli anni Trenta, per l'inutile scopo di congiungere il Colosseo a piazza Venezia, ha spezzato brutalmente il continuum dei fori, separando il disordine di quello romano dagli allineamenti militareschi di quelli imperiali. Prima pulsava un dialogo tra questi opposti momenti dell'animus urbanistico; dopo il taglio, gli sventramenti e le demolizioni, resta una scenografia di ruderi spettacolare e muta.

Nel 1536, per la visita di Carlo V, furono abbattuti torri medievali, edifici e chiese che ostacolavano la vista dei monumenti. Scrive A. La Regina che «si ripristinava il percorso seguito in antico dai trionfatori fin sul Campidoglio. Al suo ingresso nel Foro Romano, dall'arco di Tito, si apriva lo scenario delimitato sulla destra dalla basilica di Massenzio e dal tempio di Antonino e Faustina; sulla sinistra dal Palatino e dal tempio dei Castori; di fronte – sullo sfondo del Campidoglio – l'arco di Settimio Severo, il tempio di Vespasiano e quello di Saturno». La successiva apertura del viale tra gli archi di Tito e di Settimio Severo vertebra l'area. Immagine seducente per i romantici, in realtà casuale e confusa, in cui il non-occupato attrae più degli edifici.

Di là dalla strada larga venti metri, il discorso smembrato cambia radicalmente: fori di Nerva e Augusto, basilica Ulpia, colonna e mercati di Traiano. Restano sepolti larghi settori dei fori di Cesare, Nerva e Traiano, e quasi tutto il foro della Pace.

Disegno rigido e monotono nel meccanico susseguirsi di questi fori chiusi in sé e, di regola, artisticamente scadenti. Fanno eccezione il Foro di Augusto e quello di Traiano. Il primo, con il tempio di Marte Ultore issato sopra un alto basamento, esalta il carattere illusionistico del linguaggio romano, e la muraglia che gli fa da sfondo accentua il fuori-scala marmoreo. Quanto alla basilica Ulpia, posta trasversalmente rispetto al cammino dei visitatori, blocca i valori cinetici orizzontali per sfogarli nel racconto elicoidale della celebre colonna. Alla muraglia di Marte Ultore corrisponde qui il complesso dei mercati arrampicato sul colle. Simmetrie, parallelismi, pochi particolari splendidi e moltissimi grossolani e mediocri. Irrita soprattutto l'impotenza ad applicare a questa zona grandiosa di circa 90.000 mq di superficie il principio e la sintassi del «modo del narrare continuo» specifico del mondo romano nella sua maturità.

«La funzione principale del grande complesso dei fori imperiali era

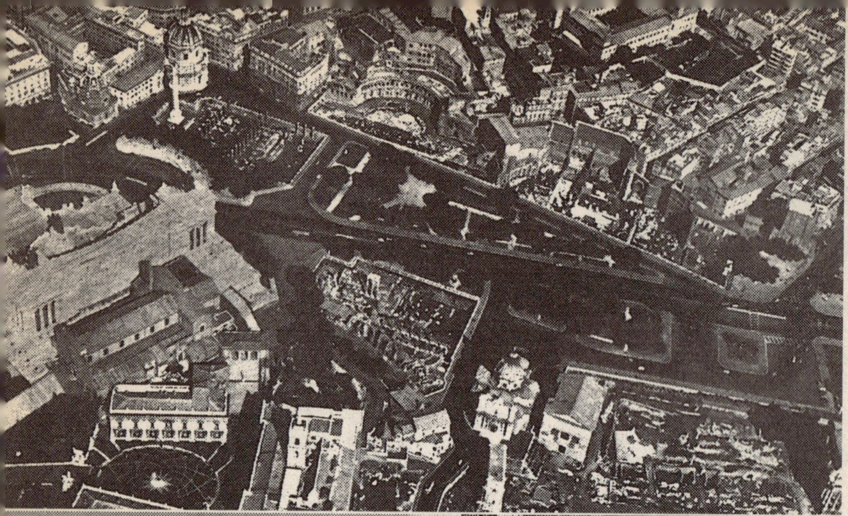

quella di fornire lo spazio necessario alle grandi cerimonie pubbliche e religiose dello stato romano, che in esso trovavano la loro sede naturale», afferma F. Coarelli. Il termine «grande» è ribadito due volte. Grandezza equivaleva a quantità, non a qualità, i cui segni sono rari in questo ambiente, forse confinati solo alla basilica di Massenzio e alla spirale di circa m 200 della colonna alta 39,83.

visione paratattica e illusionismo

P. precedente: a sinistra in alto, al centro e in basso, *Basilica di Massenzio (308-312 d.C.): la volta, un muro perimetrale e veduta dalla via Sacra;* a destra, *tempio di Marte Ultore nel foro di Augusto (iniz. 42 a.C.);* p. a fronte: in alto, *la zona dei fori; sotto, il foro romano (in. VI sec. a.C.), sopra, i fori imperiali (in. I sec. a.C.);* al centro, *mercati di Traiano (Apollodoro di Damasco, 100-112 d.C.), esterno sul foro e interno;* p. a fianco: sopra e in basso, *ricostruzione, plastico e planimetria dell'area.* [per l'area monumentale di Roma PC, p. 30; per i mercati traianei PC, p. 36]

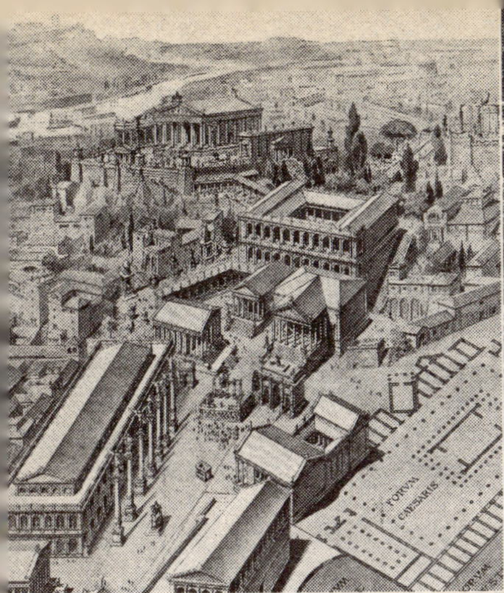

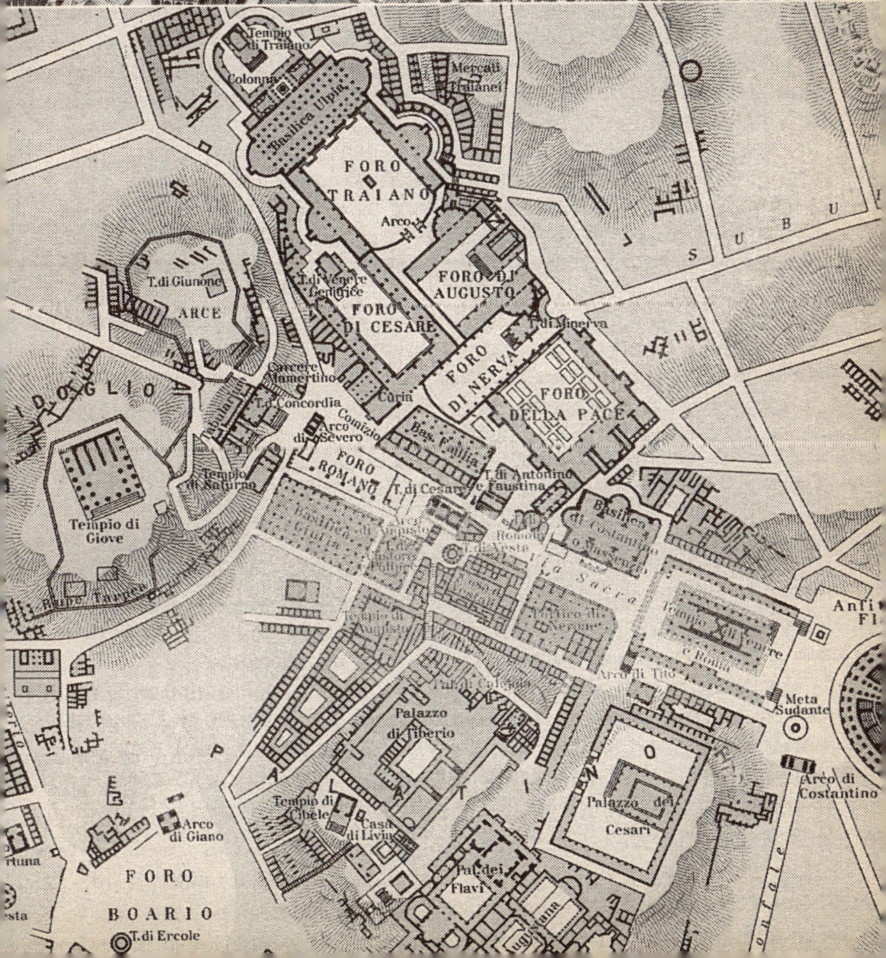
Tempio di Traiano
Colonna
Basilica Ulpia
Mercati Traianei
FORO TRAIANO
Arco
T. di Venere Genitrice
FORO DI CESARE
FORO DI AUGUSTO
T. di Minerva
T. di Giunone
ARCE
Carcere Mamertino
T. di Concordia
Curia
Comizio
Arco di Severo
FORO DI NERVA
FORO DELLA PACE
Bas. Emilia
FORO ROMANO
T. di Cesare
T. di Antonino e Faustina
Tempio di Saturno
Tempio di Giove
Rupe Tarpea
Basilica di Costantino o Massenzio
T. di Vesta
Arco di Tito
Meta Sudante
Arco di Costantino
Palazzo di Tiberio
Palazzo dei Cesari
Tempio di Cibele
Casa di Livia
Pal. dei Flavi
Arco di Giano
FORO BOARIO
T. di Ercole

Villa Adriana a Tivoli

corpi edilizi incernierati

L'età adrianea segna una svolta nel linguaggio romano: lo monda dai residui di un gretto classicismo, lo emancipa dalla subalternità rispetto all'ellenismo, ma evitando il disfacimento del tardo-antico. Principalmente, lo rende duttile, flessibile, tale da far convivere il più inventivo continuum con eleganze di matrice greca.

Diramata su un'area di centoventi ettari, la villa presso Tivoli, iniziata nel 118 d.C. e terminata venti anni dopo, alla morte di Adriano, condanna il monolitismo, sdegna ogni simmetria e si frammenta nel paesaggio con quattro gruppi di aggregazioni edilizie.

Il primo, affacciato sulla valle di Tempe, è costituito dal palazzo imperiale, cioè dalla piazza d'oro, dal vestibolo, dal ninfeo connesso alla sala dei pilastri dorici, dal peristilio, dal cortile delle due biblioteche e infine dagli ospitali.

Il secondo nucleo si estende lungo il ciglio della valle di Risicoli. Comprende la roccabruna e l'accademia, detta anche piccolo palazzo o palazzo minore.

Il terzo raggruppamento include le costruzioni monumentali del pecile, della sala della biblioteca (già dei filosofi), lo stadio e i fabbricati che lo affiancano a ponente (tre esedre e fontana) e a levante (criptoportico e peschiera).

L'ultimo episodio annovera il canopo e i complessi termali, piccoli e grandi.

Se questi segmenti edilizi fossero irraggiati da un fulcro centrale, persisterebbero geometria e congestione. Ma qui manca qualsiasi perno di raccordo, ognuno dei quattro discorsi va per la sua strada, in direzione paesaggistica propria. I coaguli sono numerosi, e sembrano cerniere intorno alle quali ruotano liberamente bracci impazziti; cerniere talora formate da snodi cilindrici o portici circolari, come nell'emblematico teatro marittimo. Fattore unificante è l'acqua onnipresente, ma progettata ad intermittenze per sottolineare le singole parti del racconto.

Villa Adriana ha l'ambizione di essere la summa dell'architettura di ogni tempo, accumula ingredienti preistorici, egizi, ellenici, italici e romani: monumento della memoria e della conoscenza, evoca brani del passato per reinterpretarli in funzione del futuro.

Nel Pantheon si era legittimata la realtà dello spazio interno sferico. Nella villa tiburtina lo stesso linguaggio, arricchito dal sistema spericolato delle volte e da una matura capacità di orchestrare il paesaggio, viene utilizzato non per una sola sentenza, ma per una narrazione, un collage di pezzi decontestualizzati, vaganti, riafferrati ma non ricondotti a forza entro un ordine prestabilito. Questa ec-

cezionale articolazione linguistica sembra aprire un'epoca nuova, atta a rappresentare anche crisi, crolli, lacerazioni e tragedie, cioè a misurarsi con una realtà contrassegnata dalla vitalità del negativo.

Invece, finisce con Adriano.

corpi edilizi incernierati

Villa Adriana a Tivoli: p. precedente, *veduta d'insieme da sud; in basso, le grandi e piccole terme, al centro lo stadio e la peschiera, sul fondo il teatro marittimo;* p. a fronte: a sin. in alto, *il pecile;* a destra in alto e al centro, *ricostruzioni, aree della piazza d'oro e del pecile;* al centro a sin., *teatro marittimo;* al centro a destra, *cenatio estiva (nota anche come «edificio con tre esedre»);* p. a fianco: sopra, *veduta zenitale del complesso;* in basso, *area degli ospitali con le biblioteche greca e latina.* [per le planimetrie AC, p. 13 e PC, p. 32]

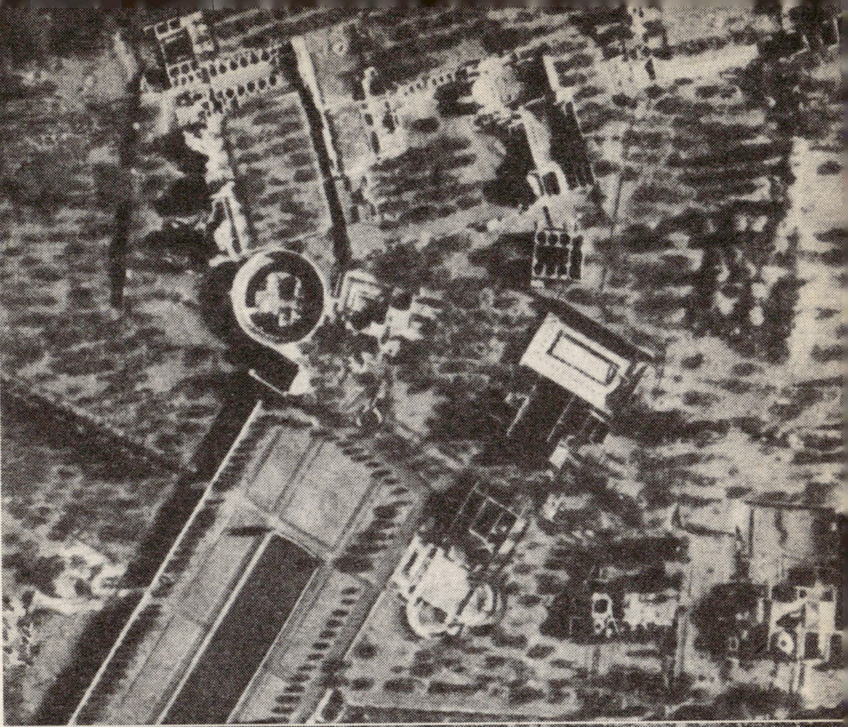

Terme di Caracalla a Roma

gioco chiuso di volumi polifunzionali

Nessun monumento trasmette, in pari grado, il senso della potenza romana, della sua solidità e durata apparentemente incrollabili. È mastodontico, eppure spiegabile in poche parole; il che, evidentemente, rappresenta anche il suo limite.

Costruite nel decennio 206-16, spianando un'altimetria collinare per realizzare il terrapieno e gigantesche cisterne, queste terme configurano, su venti ettari remoti dall'abitato, una macroscopica attrezzatura sociale capace di ospitare fino a 1500 persone, serrata come un castrum e scandita all'interno dalla sequenza del *frigidarium*, del *tepidarium*, delle palestre e del *calidarium* circolare, nonché delle biblioteche situate nelle esedre che inarcano il perimetro di m 337 × 328.

Capolavoro della tecnica costruttiva delle volte in conglomerato, dell'impasto di malte e pozzolana, soprattutto della sofisticata impiantistica dei sistemi di riscaldamento basati su un calcolato sfruttamento delle energie calorifere, l'organismo ha un carattere massiccio che le fruizioni ludica, igienica e ricreativa rendevano pulsante.

Il gioco combinatorio degli invasi correlati, la mancanza di un epicentro o di un nodo sintattico, la pluralità di vani contrastanti per dimensione e forma, la diversità degli itinerari alternativi fanno dimenticare le simmetrie, le assialità, il controllo implacabile dello schema compositivo. Ma le ciclopiche muraglie inibiscono ogni tentativo di elasticità, di destrutturazione del discorso, che resta perentoriamente unitario. E le colonne isolate, le decorazioni eclettiche e corrosive servivano ad annunciare il prossimo sfacelo del marmoreo apparato imperiale.

Difetta nelle terme il senso della fluidità e della slabbratura. Il principio basilare del «modo del narrare continuo» non sfiora questa immagine. I romani trovano difficoltà nel garantire scambi tra cavità adiacenti, o tra il dentro e il fuori. Lo confermano, come abbiamo visto, i luoghi per spettacoli, i teatri e, ancor più gli anfiteatri. Si aprono a dialoghi ambientali alcuni insediamenti, come il Palatino, Ostia, Pompei ed Ercolano; ma, per reperire maglie sfilacciate ed eretiche, bisogna abbandonare la penisola e rivolgersi alle città africane ed asiatiche, da Timgad a Baalbek. Qui, ai margini del dominio, la trasgressività ha il modo di estrinsecarsi.

Roma possiede il tufo, che consente qualsiasi forma retta o curvilinea, il calcestruzzo per strutture compatte, archi e volte, un'inventività tecnologica nell'equilibrare spinte e controspinte, e fantasia

nell'identificare nuove tipologie. Eppure, se vanta modelli di rappresentazioni continue nei filmati delle colonne Traiana e Antonina, in architettura e in urbanistica privilegia l'impostazione per parti giustapposte, non mai fuse, come abbiamo visto in primo luogo nei fori imperali. Episodi di continuità si rintracciano numerosi nei mercati, nei ninfei, nei mausolei ed altrove; ma, a scala di città, il continuum vince dopo l'esperienza traumatica delle catacombe.

gioco chiuso di volumi polifunzionali

Terme di Caracalla a Roma: p. preced., sopra, *veduta del corpo centrale (m 220x114);* in basso, *passaggio tra tepidarium e frigidarium (costituito da una piscina di m 58x22);* p. a fronte: sopra, *interno del tepidarium; era coperto da una volta sostenuta da otto colonne di granito nero;* a sin. al centro, *muro perimetrale del frigidarium;* a destra al centro, *vista del corpo centrale:* in primo piano, *palestra e frigidarium;* p. a fianco: *palestra sud.* [per le arcate AC, p. 13]

polilinguismo urbanistico e edilizio

Porto di Traiano. Scavi di Pompei. Mura serviane e aureliane. Il Palatino. Ponte Milvio. Tomba di Cecilia Metella. Piramide di Caio Cestio.

Un castrum strategicamente situato tra Roma e il mare si trasforma in aggregato cittadino intorno al 267 a.C. In seguito, aggiunge al porto fluviale un'attrezzatura marina che Traiano integra con un superbo bacino esagonale. Esteso su 66 ettari, l'organismo commerciale di Ostia mostra la sua prosperità accogliendo apporti culturali e tipologie edilizie pubbliche e private assai diverse tra loro; abbandona l'uniformità delle domus repubblicane per realizzare grandi caseggiati, che lo distinguono nettamente da insediamenti come Pompei ed Ercolano. La vitalità, con quanto di eclettico comporta, qualifica Ostia fino al IV secolo.

La città ha forma rettangolare e carattere ippodameo entro un perimetro di m 2500 c.; specie dal I secolo d.C. si arricchisce di nuovi templi, raddoppia il foro, diviene il più importante nucleo del Lazio.

La decadenza fu determinata dalla decisione di Costantino di attribuire a Porto, anziché ad Ostia, i diritti municipali. I vari tentativi di rianimazione verificatisi nei secoli ebbero esiti scarsamente positivi, poiché le funzioni commerciale e annonaria erano esaurite.

La casa d'affitto alta fino a cinque piani impronta la fisionomia urbana, ed è qui che il laterizio trova la sua legittimazione estetica. Scrive S. Petruccioli che questo materiale, fino ad allora considerato meramente utilitario, viene riconosciuto per la varietà di tessiture e di colori che assume, «sintomo di una profonda rivoluzione del gusto che, iniziata da Apollodoro di Damasco nei mercati traianei, proseguirà ad operare con estrema freschezza fino agli esempi più illustri dell'architettura romanica e gotica». Ciò rievoca il salto materico dalle mura serviane a quelle aureliane, il polilinguismo, l'accettazione di forme estranee come le piramidi.

Si può ben affermare che la consistenza espressiva romana può essere verificata ad Ostia meglio che altrove. Dirama qui la prosa del continuum che lentamente ostracizza la letteratura ellenista importata. Il «modo del narrare continuo» non è più relegato ai grandi impianti termali, agli edifici collettivi della classe dominante. Ad Ostia, malgrado l'ortogonalità del tessuto urbano e la supremazia del cardo e del decumano, scende in strada, si effonde nelle facciate e penetra nei cortili, in breve dà forma capillarmente alla città.

Sette secoli, tre sotto la repubblica e quattro sotto l'impero, sono narrati negli scavi di Ostia, la cui sinagoga recentemente scoperta ne conferma l'internazionalità. Remota l'idea vichiana della storia

di Roma come storia universale. Miti ed archetipi si dileguano e divengono ridicoli in questo documento fervido di quotidianità pulsante. Qui è la società terrena che vale, non la città dello Stato e, meno ancora, quella di Dio. È l'impegno, la fatica prosaica, la mancanza di allegorie, che scatena il messaggio poetico di Ostia.

polilinguismo urbanistico e edilizio

Ostia: p. precedente, sopra, *veduta aerea;* al centro, *«casa di Diana»;* a sin. in basso, *l'insula;* a destra, *porto di Traiano;* p. a fronte: *zona commerciale;* p. a fianco, sopra, *capitolium*, al centro, *Pompei;* in basso a sin., *mura serviane (378-352 a.C.);* in basso al centro e a destra, *mura aureliane (270-279 d.C.);* p. 52: sopra, *il Palatino, Roma;* in basso, *ponte Milvio, Roma (109* a.C.)*;* p. 53: sopra, *tomba di Cecilia Metella, Roma (I sec. d.C.);* in basso, *piramide di Caio Cestio, Roma (12 a.C.).*
[per Ostia PC, p. 34; per Pompei PC, p. 30; per il Palatino PC, p. 32]

Tempio di Minerva Medica a Roma

dialogo dentro-fuori

Chi vince la quasi paranoica segregazione del Pantheon (di «invincibile claustrofobia», «un'enorme caverna priva di piacevole intimità a scala umana», secondo E.A. Gutking) è il ninfeo degli Horti Liciniani, detto Tempio di Minerva Medica. Tormenta e stritola gli spessori murari, scavando archi e nicchioni che vibrano lo spazio. La sala è un decagono inscrivibile in un cerchio di m 25 di diametro. Di fronte all'ingresso si apre una nicchia profonda m 5,38, mentre le altre variano da 4,28 a 4,65. In epoca posteriore furono aggiunti due ampi ambienti a pianta curvilinea, forse un vestibolo con esedre nei lati corti.

Al di sopra delle nicchie e dell'accesso, dieci finestroni ad arco ribassato, larghi m 3,29 ed alti oltre 4, annunciano l'evento: tra spazio e contesto non c'è più cesura. Si stabilisce nel tamburo e persino nella cupola uno scambio, una comunicazione tra interno ed esterno, che sarà da qui in poi fattore caratterizzante del linguaggio architettonico.

Quest'opera fa esplodere sia il volume che lo spazio del Pantheon. In basso, mediante i nicchioni, preludio dei deambulatori cristiani; in alto, con le generose aperture. Ora l'invaso è inondato di luce mutevole proveniente da ogni direzione. Le regole e i vincoli del mondo romano sono abrogati. Domina il tardo-antico nel tragitto che dal Pantheon adduce al mausoleo di Santa Costanza. Ciò avviene anche per la disponibilità di una nuova tecnica specifica del continuum, l'opus caementicium in una singolarissima versione del IV secolo. La lezione adrianea non è quindi definitivamente perduta. S'incunea nelle imprese minori, nella prosa, mentre subisce il rifiuto dell'ufficialità.

Si pensi al palazzo di Diocleziano a Spalato. È l'inverso di villa Adriana: perimetro quasi rettangolare, due strade ortogonali come nei castra; pochi gli spazi aperti affacciati sul mare, niente giardini, decorazioni prive di fantasia. Questa colossale dimora, costruita nel 284-305, copre un'area di m 175 × 218. Il rigido schema da accampamento militare è contestato all'interno da edifici ottagonali asimmetrici e da corti arcuate di timbro paleocristiano. Alla maschera guerriera fa riscontro un processo d'umanizzazione a stento inibito e mantenuto segreto.

Spalato rimanda all'incredibile scenario di Baalbek del II-III secolo. Qui le parole sono tutte classiche, colonne, trabeazioni, volumi contenuti, benché anomali siano la corte esagonale, i dislivelli artificiali, le colonne del tempio di Giove che raggiungono i m 20. Ma clamorosi sono: la disarticolazione «barocca», quasi borrominiana, del

tempietto di Venere, l'incredibile asimmetria affermata dal tempio di Bacco e, al suo interno, l'irruenza invero michelangiolesca che informa l'ordine-gigante. Furore manieristico, che sconvolge e falsifica i termini della sintassi classica e, pur non rinunciando al lessico tradizionale, attinge il continuum tardo-antico.

dialogo dentro-fuori

Tempio di Minerva Medica a Roma (metà III sec. d.C.): p. preced., sopra e in basso, *vedute dell'esterno; frammento della grandiosa dimora di Licinio Gallieno, il ninfeo ha angoli contraffortati da pilastri in mattoni che rincalzano la solidità del basamento in rapporto al peso della cupola;* p. a fronte: *particolare, nicchione tra due contrafforti;* p. a fianco: sopra, a sin. e a destra, *punto d'imposta della calotta di copertura;* in basso, a sin. e a destra, *rinsaldi di nervature laterizie e raccordi angolari.*

[per l'imposta della cupola AC, p. 13]

frantumazione del linguaggio

Acquedotto Claudio. Villa dei Quintili. Centuriazione presso Imola. Strade romane.

Nel corso del IV secolo, forse all'inizio del V, in un fertile latifondo non lontano da Enna, un artista denuncia stanchezza, disperazione e nausea per l'eredità classica. Rompe con le convenzioni, e anzitutto con l'ortogonalità e la simmetria, assembla e spesso congestiona gli episodi edilizi senza pretendere insiemi equilibrati.

L'organismo è abbastanza semplice perché il corpo principale, riservato all'abitazione, segue un sistema lineare: dal vestibolo si passa al peristilio di 8 × 10 colonne e poi ad un'ampia sala absidata. Ma edificio e corte non sono sullo stesso asse, sicché l'impianto risulta sinuoso e anomalo, derivante da impercettibili spostamenti spaziali; parole-frammenti, non connessi da verbi.

Alle decorazioni musive di altissima qualità si contrappone un metodo di fabbricare tendenzialmente azzerato, privo di ossatura struttiva, avviato a rappresentare il disfacimento del mondo antico.

E qui cade opportuna un'osservazione conclusiva. L'architettura egiziana ignora e reprime lo spazio. Nelle piramidi, gli ambienti funerari sono involucrati in modo da perderne le tracce. Nei monumentali templi di Luxor e Karnak, una selva di massicce colonne, alcune delle quali alte m 24 (oltre il doppio di quelle del Partenone) occludono qualsiasi sbocco visuale verso l'esterno. La poetica egiziana si esaurisce nei percorsi, viali di sfingi lunghi due chilometri, successione di brani edilizi spesso digradanti e quindi a tensione ipogeica, bruschi passaggi dall'esterno in un masso roccioso, come avviene a Deyr-El-Bahri nel 1480 a.C. o ad Abu-Simbel.

L'indifferenza ai valori spaziali si registra anche nella civiltà mesopotamica. Nei vertiginosi templi e nei palazzi imperiali l'attenzione creativa non si distacca mai dal contenitore.

A Micene, Cnosso, Festo, Haghia Triada s'inventano molti vocaboli architettonici, tra cui piattaforme e scaloni; ma invano si ricercherebbe un vuoto progettato.

Olimpia, Delfi con il suo dislivello di m 50, Atene con attrezzature preziose come il colle incondito dell'Areopago, e ancora, nell'ellenismo, Pergamo con i suoi giochi altimetrici, determinano una nuova sensibilità paesaggistica, ma di volumi, non di spazi.

Le mura, le porte, le tombe etrusche offrono significativi episodi scultorei, che non riguardano le cavità.

Ed ecco Roma con la centuratio e il tipico castrum che stenta a trasformarsi in abitato civile, con aree sacre impacciate come quella del largo Argentina del III secolo, o il banale foro romano, o quelli

imperiali adiacenti, giustapposti e non continui benché comprendano la basilica Ulpia e i mercati traianei. Roma sta nell'assetto delle comunicazioni stradali, nei poderosi apparati di acquedotti e fontane, nel monumentalismo sovente di cattivo gusto. Come abbiamo visto in *Paesaggi e città*, trionfa là dove lo spazio diviene protagonista dell'immagine, movente ed impulso.

frantumazione del linguaggio

Villa di Piazza Armerina: p. preced., sopra, *assetto del paesaggio, in primo piano, la contrada Casale e le propaggini della villa;* al centro, *vedute del peristilio, dello «xistus» e della «sala delle dieci ragazze»;* in basso, *pavimento musivo detto «della piccola caccia»*; p. a fronte, *acquedotto Claudio, Roma (38-52 d.C.);* p. a fianco: sopra, *villa dei Quintili, Roma (II sec. d.C.);* in basso, *centuriatio, Imola.* pp. 62 e 63: *strada romana e particolare del basolato.* [per la planimetria PC, p. 36]

61 PA

Catacombe di Domitilla a Roma

egemonia della temporalità

Catacombe di Panfilo. Basilica sotterranea di porta Maggiore.

Si confrontano due cristianesimi. Il primo è rivoluzionario, metafisico, in certo senso calamitato da un'idea suicida: rinuncia ai beni terreni e sofferenze per conquistare la vita eterna. Il secondo, aperto a mercanteggiamenti, si dà carico dell'eredità del mondo romano.

Dalla preistoria alle necropoli etrusche e romane, la morte è legata ad una concezione ipogeica. Perciò il cristianesimo eroico s'inabissa nel sottosuolo, in labirintici meandri che si diramano nell'area urbana e suburbana, quasi per corrodere le fondazioni della marmorea metropoli del potere e della violenza. Per oltre 150 km, più di 67 catacombe ebraiche, cristiane o pertinenti a sette eretiche, con circa 500-750.000 tombe, minano la consistenza della città imperiale. Questi cimiteri non servono solo per le sepolture, ma anche come poli di cospirazione e, specie dopo il V secolo, come luoghi di devozione.

La natura del terreno tufaceo e argilloso gioca un ruolo fondamentale nell'opera dei fossori cristiani. Consente infatti una fittissima rete di gallerie stratificate una sull'altra fino a sette livelli, liberamente direzionate, e quindi scevre di parallelismi ed ortogonalità. Camere sepolcrali, nicchie e arcosoli offrono brevi interruzioni al continuum ossessivo e terrificante fino a provocare smarrimento.

Nel masso preistorico di Barumini, in Sardegna, abbiamo individuato una ricerca artistica originale: lo scavo nell'interno, verso l'alto. L'accesso alle catacombe comporta invece una discesa di circa m 8, e poi interminabili cammini orizzontali o in leggero pendio, cioè un progetto di perenne, inquieta mobilità. Quadro di valori esistenziali, in un'atmosfera soffocante e sublimatrice, che non sarà più ripetuto nella storia. L'informalità materica sposa il nomadismo.

La frenetica temporalizzazione e la volontà di conculcare i valori spaziali possono essere interpretati come indici di un'era di silenzio architettonico. Per molto tempo, le catacombe sono state escluse o emarginate nelle storie dell'arte; i loro messaggi non potevano essere captati dai classicisti per i quali ogni immagine deve essere statica, finita e incorniciata. Non a caso la loro piena rivalutazione estetica avviene, di là dalla dodecafonia, nell'epoca della musica del silenzio.

Catacombe si trovano in Grecia, Palestina, Egitto, Tunisia e Algeria; oltre che in Sardegna, Sicilia e Napoli; solo a Roma tuttavia costituiscono una presenza incalzante e duratura del tessuto urbano e territoriale, un costante «imprevisto» nel corso della sua espansione.

Un ambiente ipogeico presso porta Maggiore, destinato ad un culto speculativo sulla morte ed ascritto da G. Lugli alla metà circa del I secolo d.C., documenta un'alternativa mistica al cristianesimo. Illuminato solo da un lucernario, tripartito da archi e pilastri, con abside in fondo, è integralmente rivestito di stucchi.

egemonia della temporalità

Catacombe di Domitilla a Roma (II sec.): p. precedente, sopra, *ingresso e galleria dell'ipogeo dei Flavi;* in basso, *la basilica a tre navate (fine IV sec.);* p. a fronte e a fianco, sopra*: catacombe di Panfilo, Roma (III-IV sec.);* in basso, *basilica sotterranea di porta Maggiore, Roma, fu costruita a 9 m di profondità, mediante scavi di trincee e pozzi; i vuoti, colmati con cemento molto duro, divennero mura e pilastri; in ultimo furono gettate le volte, mentre l'estrazione della terra rimasta come «centina» tra pavimento e volte, fu effettuata dopo il consolidamento del conglomerato.*

Mausoleo di Santa Costanza a Roma

dinamica pre-prospettica

Santo Stefano Rotondo. Battistero di San Giovanni a Firenze. San Lorenzo a Milano.

Binato radiale di colonne, linearmente accentuato da alti setti di trabeazione che sfrecciano, in un verso o nell'altro, come spasmodici rimandi. I nicchioni che mordevano la consistenza muraria del tempio di Minerva Medica sono stati sfondati. Nasce un linguaggio nuovo, qualificato dalla serrata, inesausta dialettica tra luminoso vano centrale e deambulatorio anulare in penombra ma, in questo caso, rischiarato e quasi levitato dai mosaici a fondale bianco della volta.

Impulsi cinetici incalcolabili, centripeti e centrifughi. Nello spazio cupolato non si può sostare, perché il risucchio delle trabeazioni interrotte e quasi molleggiate sotto il peso dei dodici archi impone moti verso l'esterno. Tuttavia, nell'arcano cammino perimetrale ci si aggira incessantemente per poi essere calamitati all'interno dagli stessi elementi struttivi che avevano agito in senso inverso. Non a caso le nicchie scavate nell'involucro laterizio rifiutano qualsiasi corrispondenza con gli intercolumni: evitano così di raccogliere forze dilatatrici o di fornire una base di lancio a quelle orientate verso il centro. Domina ancora il viatico smarrito delle catacombe.

Al mausoleo manca una facciata. Con ogni probabilità, fu concepito come battistero o sacrestia di una grandiosa basilica che Costantino aveva cominciato ad erigere nei pressi di un cimitero cristiano sulla Nomentana. Il cantiere si fermò a seguito della morte di Costanza, sua figlia, ma i ruderi ben visibili a fianco della bizantina Sant'Agnese fuori le mura attestano l'entità del progetto. Non vi è segno che comunichi la crisi imperiale o il nuovo messaggio di povertà; ogni vocabolo è romano, anche se il montaggio è diverso. Siamo intorno al 350: il discorso smentisce la sicurezza dell'antico per riorganare al sole gli ipogeici itinerari sottostanti. Lo stesso cupolino, anomalo inserto volumetrico, spezza la continuità per marcare con una cesura la collocazione del sarcofago.

Nessun'altra rotonda cristiana presenta tensioni paragonabili. Non i *battisteri di Fréjus, Albenga, Nocera Umbra* che, con 16 binati al posto di 12, ne è un pallido riflesso. Non *Santo Stefano Rotondo*, violentato da L.B. Alberti in nome della prospettiva, e neppure *Sant'Angelo di Perugia*, sfibrato da quattro absidi.

Il processo che collega Santa Costanza a San Vitale di Ravenna è espresso da due opere capitali quanto enigmatiche.

Il battistero di *San Giovanni a Firenze*, che risale forse al V secolo ma fu modificato nell'XI e nel XII, ha una cupola a otto spicchi a

sesto acuto, bucata da numerose finestre nella zona bassa. In ogni lato dell'ottagono due grandi colonne e due pilastri incassati reggono una potente trabeazione che sostiene una loggia ricavata nello spessore murario. Da una situazione eclettica, il «bel San Giovanni» contribuirà così alla formazione del linguaggio romanico.

L'edificio originario sorgeva su un alto basamento, mostrava un'abside al posto dell'attuale «scarsella» o tribuna rettangolare, esponeva la cupola poi nascosta dall'attico e dal tetto marmoreo. Nel prospetto, sopra una prima spartizione di lesene spiccano triplici arcate di sapore romanico; i due settori sono congiunti da tarsie bianche e verdi e da contrafforti angolari. La fascia di tarsie marmoree, quasi tamburo da cui si dipartono le falde triangolari della copertura, corona questo «oggetto di arredo urbano».

San Lorenzo a Milano è stata definita la più misteriosa chiesa del capoluogo lombardo. Opinioni contrastanti sull'incerta datazione, benché prevalga quella del IV secolo. L'impianto è sontuoso, diverso da ogni esperienza coeva: tiene conto delle sale termali con volte a crociera, delle esedre e dei ninfei, degli ambienti delle ville imperiali. La sua autonomia espressiva non è inficiata dal rapporto con la cappella di Sant'Aquilino e, dal lato opposto, con San Sisto: se l'aula quadrilobata, le torri contrafforte e il quadriportico evocano temi clas-

dinamica pre-prospettica

Mausoleo di Santa Costanza a Roma: pagina precedente, sopra, *esterno: a sinistra, ruderi della basilica costantiniana, a destra, il mausoleo e, sul fondo, Sant'Agnese;* in basso, *interno;* p. a fronte, a sinistra, *ambulacro;* a destra, *cupola del vano centrale;* pagina a fianco, a sin. in alto, *cupolino;* a destra in alto, *volta dell'ambulacro;* in basso, *Santo Stefano Rotondo a Roma (468-483);* p. 72, sopra e al centro, e p. 73, sopra*: esterni e interni del battistero di San Giovanni a Firenze (V-XI sec.);* p. 73, in basso, *interno della basilica di S. Lorenzo a Milano (IV-V sec.).*

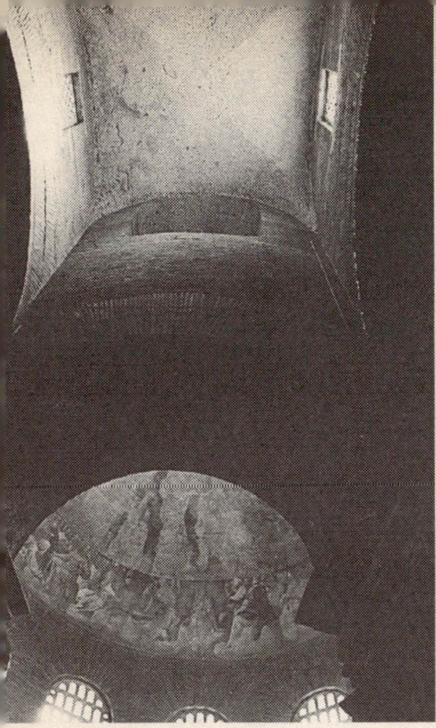

sici, la modellazione dello spazio è originale in quanto punta su superfici curve per attingere un'organicità fra dentro e fuori. Attraverso i matronei si attua una dilatazione che prelude a quella bizantina.

Un confronto con Santa Costanza, che lo precede di quasi un secolo, mostra come la dinamica a Milano si estenda in alto. Osserva S. Bettini che dal vano centrale «il visitatore si vede intorno non una parete chiusa, ma una corona di ondulate esedre traforate; e, attraverso i loro valichi, ed oltre questi, scorge nella penombra frammenti di volte oblique, e parti di colonne, ed archi interrotti, sicché ha l'impressione che in qualche luogo di un invisibile spazio pendano disancorate misteriose volte che si perdono lontano nella profondità e trasferiscono la loro reale definizione dello spazio in un'irraggiungibile lontananza, oltre il diaframma ottico che chiude il vano».

Santa Sabina a Roma

unidirezionalità longitudinale

Santa Maria Maggiore.

Alla radice della plurisecolare esperienza basilicale sta una piccola, arcana opera ipogeica, che abbiamo già segnalato: la sala di riunione presso porta Maggiore, probabilmente del I secolo d.C. Nel suo candido minimalismo, preannuncia la rivoluzione spaziale cristiana, cioè l'abbandono di impianti statici, indifferenti ai percorsi dei fruitori, chiusi nel proprio aulico equilibrio, in una sovrastrutturale immobilità di marca più o meno esplicitamente monumentale.

Le chiese costantiniane sono concepite in scala titanica: San Giovanni a cinque navate, San Pietro con un transetto di m 15 × 100. Si distinguono dai templi antichi per essere la casa della comunità religiosa più che di Dio, ma ciò non implica un impianto democratico e popolare: il coro riservato al clero era ben separato dall'aula aperta a tutti. Comunque, malgrado varie cesure fra i diversi settori dell'interno, la rivoluzione cristiana consiste nell'aver contestato la doppia simmetria per privilegiare l'asse del cammino dei fedeli dall'ingresso all'altare. Per secoli il linguaggio architettonico si qualificherà nella configurazione di questo tragitto.

In *Santa Maria Maggiore* gli impeccabili colonnati ionici sormontati da architravi hanno un timbro di ellenico distacco, tanto che si era ipotizzata una basilica pagana del II secolo trasformata da papa Liberio intorno al 352; recenti studi l'attribuiscono però al tempo di Sisto III (432-40). Larga m 32 e lunga 76,50 fino all'abside, nonostante l'arcone che inquadra la zona presbiteriale, vibra per le sue sfrecciate rettilinee, eccezionali nel linguaggio del V secolo.

Santa Sabina, al di là dei discutibili restauri, offre una chiara e affascinante immagine della basilica cristiana primitiva. C'è chi insiste sul suo schema modulare: larghezza, quattro moduli (85 piedi = m 25,20), di cui due per la nave principale ed uno per ciascuna di quelle laterali; lunghezza, dieci moduli per la navata centrale, compresi l'esonartece, l'endonartece e l'abside (211 piedi = m 62,985), mentre quelli delle navatelle misurano nove moduli, cioè m 56,6865. Tre moduli in altezza: il primo corrisponde al vertice delle colonne, il secondo al davanzale delle finestre centinate, il terzo, a detta di O.P. Darsy, all'appoggio del soffitto originario, cioè a m 18,89.

Queste proporzioni sono riferite a *Pollione Vitruvio*, autore nel I secolo a.C. del trattato *De architectura* in dieci libri, le cui «ordinatio», «dispositio», «eurythmia», «commisuratio», «decor», oltre alla celeberrima triade «soliditas, utilitas, venustas», costituiscono

tabù dottrinari anche prima che il testo venisse riscoperto nel 1414 a Montecassino. Qualora fossero confermate, queste misure sottolineerebbero un aspetto anacronistico di Santa Sabina, non il suo gesto estetico. Ai suoi albori, il cristianesimo si esprime non con la matematica e la geometria, ma con l'irrazionalità della luce e con problemi non risolti, com'è quello di dare, ai lati dell'abside, un convincente terminale alle navi minori.

unidirezionalità longitudinale

Santa Sabina a Roma (422-432): p. preced., *vedute esterno-interno della parete absidata che conclude la navata centrale;* p. a fronte, a destra, *terminale della nave minore a ridosso del nartece;* a sin., in alto, *veduta assiale: in sequenza la schola cantorum (IX sec.), l'arcone trionfale e l'abside;* al centro, *veduta dalla navatella. Le 24 colonne corinzie che scandiscono lo spazio provengono da un edificio pagano distrutto;* p. a fianco: *interni di Santa Maria Maggiore, Roma.*

77 PA

spazi negati

Battistero degli Ortodossi. Mausoleo di Galla Placidia. Sant'Apollinare Nuovo. Sant'Apollinare in Classe e campanili cilindrici. San Giovanni Evangelista.

Non si raggiunge l'acme della metafisica fluidità, come in Santa Sofia a Costantinopoli trapassata da un vento quasi sonoro alla base della cupola schiacciata. Qui l'impianto strutturale non è cancellato, ma il linguaggio tende a sconfessarlo.

Sorta quale cappella palatina all'interno della residenza imperiale e completata dopo la caduta di Ravenna in mano bizantina nel 540, San Vitale si propone di sconcertare il visitatore prima ancora di affascinarlo. A partire dal nartece-filtro, posto in obliquo su uno spigolo dell'ottagono, offre subito il dilemma tra due ingressi, uno orientato verso il presbiterio, l'altro senza precisa direzione. Investito da sette esedre a duplice livello concluse a catino, il nucleo centrale non è un vero ottagono e il deambulatorio non ha forma consistente, poiché le spinte verso l'esterno e i risucchi provenienti dal centro alterano il senso dello spazio. In effetti, più che a Santa Sofia, nei deambulatori sperimentiamo spazi negati: come dice S. Bettini, «quando si entra ci si sente ancora al di fuori, finché non si valicano le esedre». Di giorno, la luce sembra fuggire dall'ambiente; di notte, invece, vi penetra. Il continuum trova qui, come nei due Sant'Apollinare e nei campanili rotondi, la massima accelerazione, una frenetica volontà di moto.

Nella poetica bizantina la luce è lo strumento espressivo dominante: gestisce le cavità, i volumi, i rivestimenti musivi che rendono le superfici radianti. Ne discende un'atmosfera sospesa di leggerezza, di cui il pulvino funge da contrassegno. Si pensi al tradizionale schema base/colonna/capitello: pesante e spezzato, chiede una parola nuova che lo ravvivi, e il pulvino svolge questa funzione con il suo tronco di piramide rovesciata, schermata da veli marmorei.

Le sette esedre emancipano l'invaso dalle strutture portanti, lo rendono inafferrabile e oscillante. A questo trepido spazio fa riscontro appunto quello soppresso, annullato, dell'ambulacro.

«Più di ogni altro monumento d'ogni tempo» assistiamo qui alla distruzione dello spazio «attraverso il disciogliersi della parete, il verticalismo dell'asse costruttivo, l'accentuazione dell'irraggiamento in profondità, il superamento d'ogni rappresentazione del rapporto tra peso e sostegni. Il senso antico della materia e del peso appare meravigliosamente vinto.»

Se la maggiore affinità è con i Ss. Sergio e Bacco di Costantinopoli, il precedente immediato riguarda San Lorenzo a Milano. Ma in que-

sta chiesa «la grande dilatazione dello spazio centrale rispetto agli ambulacri, la posata ampiezza delle esedre, il forte architrave che divide il piano terra dai matronei e circonda orizzontalmente, come una cintola, il vano di mezzo» danno il senso di una cavità che conserva ancora molto della severa e sicura gravezza romana. In San Vitale, invece, poco più di un secolo dopo, nessun architrave ferma l'innalzarsi dei pilastri; una «viva inquietudine» implica «una dinamica spinta verso l'alto». Il discorso iniziato dalla posizione ambigua dell'ardica, che trasmette subito «impressioni trasversali, tangenti, fuggitive», si conclude nella straordinaria profondità del bema che, inserendosi nella corona delle esedre, finisce per sconfiggere ogni effetto accentratore. Trionfa l'annientamento dello spazio materiale, ancora superstite a San Lorenzo di Milano.

Un accenno al contesto ravennate. Il *battistero degli Ortodossi* ha pianta ottagonale slargata, nel primo ordine, da grosse nicchie semicircolari che, protraendosi fino al pavimento, formavano un sistema di vere e proprie absidi collegate da segmenti parietali. Miscuglio complicato di varie tendenze, eclettico nelle decorazioni, il battistero si placa solo nella calda massa musiva della cupola.

Composto di una croce greca, benché il braccio d'ingresso sia leggermente più lungo, il piccolo *mausoleo di Galla Placidia* parla un linguaggio semplice e levitante. Nell'interno penetra pochissima luce; solo lentamente si discernono i rivestimenti musivi che fondono con un continuo, prezioso manto cromatico le volte dei quattro bracci, le lunette e la cupola. È proprio come se sullo scheletro costruttivo si fosse gettato un tappeto che, vibrando nell'oscurità, confonde angoli, spigoli e tutto ciò che è aspro passaggio di piani. A tale effetto contribuisce l'inusuale cupola disegnata in modo che non ci sia separazione tra calotta e pennacchi.

Sant'Apollinare Nuovo proporziona lunghezza e larghezza secondo un rapporto di sezione aurea; risaltano i pulvini accentuando la direzionalità longitudinale delle processioni musive.

Sant'Apollinare in Classe, consacrata nel 549, riprende invece le proporzioni consuete: rapporto planimetrico 1,5; larghezza della navata centrale doppia di quelle laterali; rapporto tra altezza e larghezza della nave principale 1,33; il che attenua e smorza la dinamica accelerata tipica del linguaggio bizantino.

I *campanili cilindrici* costituiscono una gloria ravennate. Dai basamenti laterizi si passa a monofore, bifore, trifore e quadrifore, all'incastro fra triangoli di vuoto e di pieno, che eludono qualsiasi allineamento verticale per favorire una visione obliqua, sfuggente e accarezzata dalla luce. È sintomatico che tali campanili rotondi abbiano avuto scarsa fortuna fuori del mondo ravennate: nel loro ridurre la massa a superficie smaterializzandola sono specificamente

bizantini. Assenti i mosaici, ma il messaggio è identico: prevale il valore pittorico delle superfici laterizie e si snoda «all'infinito il contrappunto di irrimediabili dissonanze coloristiche, in ciascuna delle quali è rappreso un impulso spaziale divergente, quasi la radice di uno spazio che di là nascesse per sfrecciare più oltre». Aggiunge Bettini: «come esseri in profondità marine».

spazi negati

Ravenna. San Vitale (526-547): p. 79, *esterno e interno;* p. a fronte, a sin. in alto e a destra, *presbiterio;* a sin., al centro, *pulvino;* p. 82: a sin. in alto, al centro e in basso, *battistero degli Ortodossi (449-458);* a destra, in alto e in basso, *mausoleo di Galla Placidia (I metà V sec.);* p. 83: sopra, *S. Apollinare Nuovo (ante 504);* a sin. in basso, a destra al centro, *S. Apollinare in Classe (VI sec.), interno e campanile cilindrico (IX-X sec.);* a destra, in basso, *San Giovanni Evangelista (424-434).*

Mausoleo di Teodorico a Ravenna

risvolto laico del bizantinismo

Il carattere del committente talvolta conta. Ce lo descrive A. Milano: «sarà raro leggere di un gesto simile a quello compiuto da re Teodorico che, superando le più vive proteste dei vescovi, verso il 501 obbligò i cittadini romani a ricostruire una sinagoga incendiata, e nel 519 rinnovò l'obbligo contro i ravennati per un simile misfatto. Egli seppe mantenere l'equilibrio tra la minoranza della sua gente e la massa dei cristiani su cui dominava; ne ebbero a beneficiare anche gli ebrei italiani, ai quali confermò i privilegi che aveva riconosciuto loro il diritto romano... Intervenne a Milano e Genova per riparare i torti perpetrati dal clero contro le comunità ebraiche locali». L'ostrogoto Teodorico è un personaggio affatto abnorme nella vicenda delle invasioni cosiddette barbariche: propugna costumi ben più civili di quelli dominanti.

Che il mausoleo sia la voce più estranea e discorde del panorama ravennate dunque non meraviglia. All'ideale dell'immaterialità, della leggerezza bizantina contrappone quello di una corposità che celebra la materia fino al punto da sovrapporre al tamburo un monoblocco di pietra che pesa circa 300 tonnellate. Arcaica rievocazione di temi megalitici, l'edificio si articola in due piani, con un «cubiculum inferius» per i sarcofagi, e uno «superius» per la liturgia funeraria. L'impronta barbarica si evidenzia nelle connessioni dei blocchi e nel fregio.

Merita di essere riportata un'ipotesi di E. Lavagnino: «se pensiamo che la tecnica struttiva particolarissima del monumento, con quei conci concatenati e quei profili a zeta, la ritroviamo a Spalato, e che le pietre vengono dall'Istria, possiamo forse ammettere che gli architetti siano venuti, come le pietre che dovevano servire per la costruzione, dalla Dalmazia» e che lo stesso Teodorico sia stato coinvolto nella progettazione. Valga un'equazione. Castello Eurialo a Siracusa: «basilica» di Pesto = mausoleo di Teodorico: San Vitale. Il macigno sembra protestare contro il dogmatismo intollerante e spesso criminale.

Mausoleo di Teodorico a Ravenna (I metà sec. VI): p. a fianco, a sinistra, dall'alto in basso, *dettagli, nell'ordine: uno dei 12 squadri sporgenti della calotta monolitica (probabilmente destinati all'aggancio di funi o congegni di sollevamento dell'immensa pietra); una delle 11 finestre-spiraglio del tamburo; lunette in rilievo al piano superiore; calotta e fregio della cornice d'imposta; interno del piano inferiore.* A destra, sopra e in basso, *veduta dall'alto e fronte d'ingresso dal lato ovest. L'edificio è costruito in blocchi squadrati privi di connessione cementizia.*

messaggio dell'interruzione

Battistero di Biella. Battistero di Galliano.

Configurata nell'VIII secolo sui resti di una diaconia del VI, occupa l'area della loggia dei Mercanti al Velabro utilizzando il podio di un tempio in «opus quadratum». Rimaneggiata nel IX e nel XII secolo, scomparsa la cripta e demolito il matroneo, interrata nel 1715 fino al colmo delle originarie scalee di accesso, la chiesa fu manomessa anche successivamente e subì poi un «restauro stilistico» che eliminò la facciata settecentesca di G. Sardi, modificò il presbiterio e ricostruì la schola cantorum sul modello di San Clemente. Un coacervo di interventi emblematici, che prolungano la barbarica destrutturazione linguistica operata sull'esangue codice bizantino.

L'intento è esplicito: condanna sia l'equilibrio classico che le accelerazioni e dilatazioni di marca orientale, si spoglia d'ogni preziosità musiva, rinuncia alle acrobazie magiche della luce.

Santa Maria in Cosmedin gode nel parlare un gergo popolare, nel non aspirare a mitiche perfezioni, nell'esibire rozzezze formali. Le navate contestano le proporzioni tradizionali (1:3:1): la centrale (1,5) è poco più ampia di quella destra (1) e di quella sinistra (1,2). Connotato inatteso, la direzionalità longitudinale, ossessiva nel bizantinismo, si placa e frena: ben evidenziati pilastri interrompono infatti il ritmo delle colonne e delle arcate; segnale di contromarcia che mortifica la temporalità.

Scrive E. Lavagnino: «In questa chiesa costruita con pessima tecnica muraria nelle arcate che girano faticosamente, impostate su colonne disuguali, nei timidi aggetti delle cornici, nel taglio incerto dei capitelli» si può sentire «un'aria svogliata e disattenta». Ma il dimesso linguaggio altomedievale servì a riportare l'architettura alla fruizione comunitaria, della gente comune.

Rapida diversione su due testi affini. Il *battistero di Biella*, della fine del X secolo, ha pianta quadrata con absidi in ogni lato, sì da tramutarsi in un quadrilobo ai cui spigoli sono situati contrafforti che sostengono la cupola. Questa è racchiusa in un alto tamburo ottagonale coperto a tetto. Sia il tamburo che le absidi sono coronati da una serie di nicchie di sapore lombardo. Ma le finestre che tagliano la rustica muratura sono determinanti, con la loro punteggiatura, della rozza espressività.

Analogamente, il *battistero di Galliano*, costruito intorno al 1007, ha pilastri ottagonali isolati sui cui poggiano, mediante archi, loggiato e cupola unita al tamburo da raccordi a cuffia. Si raggiunge il matroneo attraverso scale che partono dall'atrio; la vasca battesimale

monolitica di granito è immersa nel pavimento.

Siamo al terzo «grado zero», dopo quelli della preistoria e delle catacombe. Depauperamento traumatico delle forme che ne escono gelatinose, esauste, svirilite. Dopo la fastosa lussuria bizantina, ecco l'insostituibile, barbarico fondamento della civiltà romanica. Fra poco, la sintassi architettonica annientata si rialzerà per traballare.

messaggio dell'interruzione

Santa Maria in Cosmedin a Roma: p. precedente, sopra, *interno, la navata centrale;* in basso a sinistra, *veduta del fronte con portico e campanile (fine* XI *sec.);* in basso a destra, *setto murario che interrompe la sequenza ritmica del colonnato e delle arcatelle;* p. a fronte, a sinistra e a destra: *battistero di Biella, esterno, veduta interna di un'abside e scorcio dal basso di un pennacchio della cupola;* p. a fianco, sopra e in basso: *battistero di Galliano, presso Cantù: esterno, veduta interna della volta soprastante il matroneo e dettaglio della muratura esterna.*

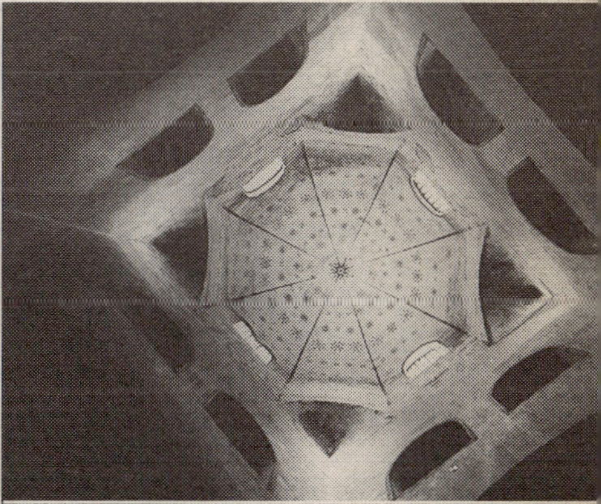

dissaldamento come sintassi

Qui una scrittura diversa, ma sempre di «grado zero». Le pareti corpulente, gravide, premono su vasti archi le cui ghiere segnate da vistose dentature esaltano il valore della pesantezza. Laddove, in età giustinianea, il succedersi delle arcate, librato dalla cesura dei pulvini, sottolineava le fughe, a Tuscania lo spessore dei sottarchi ripropone, dopo le esperienze dell'antica Roma e senza mascherature marmoree, la dialettica tra ponderosità e resistenza nel quadro di una matericità ribollente.

Alle generose finestre paleocristiane e bizantine, che spezzavano la continuità delle pareti per renderle lucenti, si sostituiscono anguste aperture strombate. I rudi spezzoni di colonne, bassi e distanziati, si trasformano nel presbiterio in pilastri rinforzati da mezze colonne.

È in atto una rivoluzione del gusto. A quali artisti va ascritta? Un documento del 739 attesta la presenza lombarda. Si tratta dei *maestri comacini*, attivi sin dagli inizi del medioevo e disciplinati in corporazioni dai re longobardi. La loro terra produrrà architetti come Carlo Maderno, Martino Longhi, Domenico Fontana, Francesco Borromini e più tardi, nel XX secolo, Antonio Sant'Elia e Giuseppe Terragni. Il raggio d'azione di questa scuola non si limitò alla regione lombarda, influenzò direttamente l'intera valle padana e si propagò dal Piemonte a Verona, nell'emiliano, in Toscana fino a toccare il Lazio a Viterbo. Risalendo a nord, i maestri comacini straripano in Provenza, in Borgogna e in Spagna.

Al principio, costruiscono con materiali da scarto, presi qua e là, laterizi in pianura, ciottoli presso i fiumi e in collina, pietre squadrate e grezze nelle montagne, eventualmente marmi. Poche e rozze le decorazioni improvvisate.

I maestri comacini sono autori dei campanili cilindrici di Ravenna, quelli di Sant'Apollinare Nuovo, Sant'Apollinare in Classe, della cattedrale e di Santa Maria Maggiore, e delle torri quadrangolari di San Giovanni Evangelista e di San Francesco destinate ad estendersi ovunque, a Milano con il campanile di San Satiro, datato intorno all'879 e quello basso, detto «dei monaci», a Sant'Ambrogio.

Riflettono lo stesso clima a Roma le chiese di *Santa Prassede* costruita da Pasquale I (817-24) e *Santa Maria in Domnica*, quasi contemporanea. Avverte M. Salmi: «occorre distinguere l'attività anonima dei semplici artigiani da quella degli artisti che posseggono qualità creative. Nella maggior parte dei casi, codesti lombardi non furono personalità spiccate ma umili operai; mancavano di un

proprio stile. Ma quello che divulgavano con la pratica del loro mestiere aveva valore di azione stimolatrice per la creazione di opere geniali da parte di veri artisti». Raccomandazione invero generica ed insulsa, in breve degna di un cattedratico, poiché nell'alto medioevo artigianato dialettale e poesia fondono in opere parlanti.

dissaldamento come sintassi

San Pietro a Tuscania (VIII-XII sec.): p. precedente, *esterno, elementi eterogenei del modellato di facciata;* p. a fronte, sopra, *abside con decorazioni a mattoni incrociati;* al centro, *prospetto (rimaneggiato nel XIII sec.);* p. a fianco: sopra, *archi a doppia ghiera, con dentature che ne sottolineano l'intradosso; sono elaborazioni di tematiche etrusche adottate, con qualche variante, anche in epoca romana;* al centro, *navata principale;* a sinistra in basso, *scorcio tra le campate;* a destra, *arcone a conci aguzzi che immette, dalla nave di destra, nel presbiterio.*

Sacro Speco a Subiaco

tra eremo e chiesa, due cristianesimi in bilico

Sette secoli dopo l'eremitaggio di Benedetto da Norcia si decise di dedicargli un santuario addossato alle grotte del monte Teseo, nella valle dell'Aniene. La costruzione dell'ampio complesso monastico a due livelli, con chiese sovrapposte, comincia alla metà del XIII secolo, ma riflette un animus altomedievale. Cozzano due impulsi antitetici: quello di rievocare la segregazione primordiale, e quello di celebrarla in modo spettacolare, cioè tradendola.

Da un lato, recessi rocciosi, grotte, irregolarità; dall'altro, spazi artificiali virtualmente ordinati. Tra le due vie non si sceglie, lasciando il dilemma in sospeso. Tuttavia, rispetto agli allineamenti orizzontali, alle sequenze arcuate, alle terrazze e ai lacerti di giardino, vince il retaggio antico, lo strapiombo, il naturale, l'incondito. Il messaggio di San Benedetto non è neppure nella scala a gradoni frastagliati, ma nel precipizio, nella volontà irrefrenabile di sfuggire all'istituzione, nel rischio.

La lettura più calzante ed antiaccademica del Sacro Speco di Subiaco è dovuta a un giapponese, Y. Suzuki, che ne ha rilevato l'impianto isolato tra le montagne e appoggiato alla roccia viva, cresciuto per successive improvvisazioni. Lo descrive in termini musicali: «quasi un primitivo "concerto grosso" a quattro movimenti di "strutture in minore" in forma di sonata, accompagnato da un "basso continuo" di "intelaiatura spaziale" o "struttura in maggiore", in sviluppo orizzontale, quindi in polifonia; tranne nel primo e nel secondo movimento, ossia negli arconi che sono fattore omofonico, facendo scendere elementi "a solo" – bifore, absidi, ecc. – ed ecco che, all'incontro di due modi fonici, si concentra la massima dinamicità espressiva di improvvisazione. In una consueta formula di monastero-chiesa compare una "scrittura" libera, quasi amodale».

Precisa: «un'architettura informe, espressione di necessità e spregiudicatezza, tetragona ad ogni tentativo di schematizzazione preconcetta». Vocabolario modesto, antimonumentale, istintivo, che semantizza ogni componente edilizia, in dissonanza generalizzata, con sintassi quadridimensionale, e gusci o membrature, «space frame» in pietre locali, che lo restituiscono alla natura ambientale. «Architettura di percorso, spazio-temporale, integrata al territorio, poiché stimola e coinvolge tutta la vallata abbracciandola con la sua linea concava in uno stesso campo magnetico.»

Scrivono sulle abbazie del Lazio C. D'Onofrio e C. Pietrangeli rievocando la vita ascetica, basata sul «più completo isolamento dalla società», su una «dura, incessante penitenza, ottenuta con la privazione di ogni cosa» e con «la macerazione del corpo». Ascetismo

spesso parossistico «come nel caso degli stiliti capaci di trascorrere lunghi anni sulla limitata superficie nell'alto di una colonna».

Anche l'architettura diventa ascetica, avulsa, eremitica, incomunicabile perché sprofondata nel silenzio. Riparlerà solo dopo aver portato a termine il processo di disinquinamento del linguaggio.

tra eremo e chiesa, due cristianesimi in bilico

Sacro Speco di Subiaco: pagina precedente sopra, a sinistra e a destra, *innesti di elementi e nervature architettoniche su pieghe di roccia;* in basso, *esterno, visuali incrociate sul monastero e sullo strapiombo;* p. a fronte: a sinistra e a destra, *cesure e integrazioni tra naturale e costruito;* al centro, *veduta generale del complesso con il fronte a valle contrassegnato da imponenti arconi;* p. a fianco: a sinistra e a destra, sopra e in basso, *scale sinuose e percorsi obliqui si snodano organicamente tra sagome dai profili arcuati, tra baratri e spazi accidentati.*

PA Nota bibliografica

Enciclopedia Universale dell'Arte, Firenze, 1958-78. *Dizionario Enciclopedico di Architettura e Urbanistica*, Roma, 1968-69. *Comunicare l'architettura: monumenti, complessi edilizi, spazi aperti*, Torino, 1984-86. BRUNO ZEVI, *Architectura in Nuce*, Milano, 1994, con bibliografia dal sec. V a.C. all'ultima decade del XX.

PREISTORIA

ALESSANDRO DELLA SETA, *Italia antica*, Bergamo, 1928. LUDOVICO QUARONI, *L'architettura delle città*, Roma, 1939. GIUSEPPE PATRONI, *Architettura preistorica, Architettura etrusca*, Bergamo, 1941. BIAGIO PACE, *Introduzione allo studio dell'archeologia*, Verona, 1947. CERAM, *Civiltà sepolte*, Torino, 1956. RANUCCIO BIANCHI BANDINELLI, *Introduzione all'archeologia*, Roma, 1960. V. GORDON CHILDE, *I frammenti del passato*, Milano, 1960. RAYMOND FURON, *Manuale di preistoria*, Torino, 1961. GLYN DANIEL, *The Megalith Builders of Western Europe*, Harmondsworth, 1963. V. GORDON CHILDE, *Il progresso del mondo antico*, Torino, 1963. S. GIEDION, *The Eternal Present: The Beginnings of Architecture*, Washington D.C., 1964. GLYN DANIEL, *The idea of Prehistory*, Harmondsworth, 1964. MASSIMO PALLOTTINO, *Che cos'è l'archeologia*, Firenze, 1968. EDWARD ALLEN, *Stone Shelters*, Cambridge, Mass., 1969. JOSEPH RYKWERT, *La casa di Adamo in Paradiso*, Milano, 1972. LUIGI COSENZA, *Storia dell'abitazione*, Milano, 1974. DI J. JELÍNEK, *La grande enciclopedia illustrata dell'uomo primitivo*, Praga. 1975. AUGUSTO VIGGIANO, *Testimonianza e memoria. I Sassi di Matera*, Milano, 1995.

MAGNA GRECIA E ETRURIA

DAVID RANDALL-MACIVER, *Greek cities in Italy and Sicily*, Oxford, 1931. RANUCCIO BIANCHI BANDINELLI, *Storicità dell'arte classica*, Firenze, 1943. R.E. WYCHERLEY, *How the Greeks built cities*, London, 1949. CESARE BRANDI, *Viaggio nella Grecia Antica*, Firenze, 1954. R.D. MARTIENSSEN, *The Idea of Space in Greek Architecture*, Johannesburg, 1956. FERDINANDO CASTAGNOLI, *Ippodamo da Mileto e l'urbanistica a pianta ortogonale*, Roma, 1956. RHYS CARPENTER, *The Estethic Basis of Greek Art*, Indiana, 1959. *La ricerca archeologica nell'Italia meridionale*, Napoli, 1960. JEAN BÉRARD, *La Magna Grecia*, Torino, 1963. CLAUDIO TIBERI, *Mnesicle architetto*, Roma, 1964. ENRIQUE BOUTMY, *La filosofia de la Arquitectura en Grecia*, Buenos Aires, 1964. ANTONIO GIULIANO, *Urbanistica delle città greche*, Milano, 1966. R. BIANCHI BANDINELLI, ANTONIO GIULIANO, *Etruschi e Italici prima del dominio di Roma*, Milano, 1973.

ROMA ANTICA

FRANZ WICKHOFF, *Arte romana*, Venezia, 1947. GIOVANNI BECATTI, *L'arte romana*, Milano, 1962. LIDIA STORONI MAZZOLANI, *L'idea di città nel mondo romano*, Napoli, 1967. ALOIS RIEGL, *Arte tardoromana*, Torino, 1969. GIUSEPPE LUGLI, *Itinerari di Roma antica*, Milano, 1970. J.B. WARD-PERKINS, *Cities of Ancient Greece and Italy*, London, 1974. RANUCCIO BIANCHI BANDINELLI, *Dall'ellenismo al Medioevo*, Roma, 1978. ROBERTO MARTA, *Architettura romana*, Roma, 1985. JEAN-PIERRE ADAM, *L'arte di costruire presso i romani*, Milano, 1988.

PALEOCRISTIANO

SERGIO BETTINI, *L'arte alla fine del mondo antico*, Padova, 1948. FRIEDRICH GERKE, *Le sorgenti dell'arte cristiana*, Milano, 1967. GIULIO CARLO ARGAN, *L'architettura protocristiana, preromanica e romanica*, Bari, 1978. SERGIO BETTINI, *Lo spazio architettonico da Roma a Bisanzio*, Bari, 1978. RICHARD KRAUTHEIMER, *Architettura paleocristiana e bizantina*, Torino, 1986.

BIZANTINO

SERGIO BETTINI, *L'architettura bizantina*, Firenze, 1937. CECIL STEWARD, *Byzantine Legacy*, London, 1947. DAVID TALBOT RICE, *Arte bizantina*, Bologna, 1958. GUGLIELMO DE ANGELIS D'OSSAT, *Studi ravennati*, Ravenna, 1962. ARNALDO VENDITTI, *Architettura bizantina nell'Italia meridionale*, Napoli, 1967. CHRISTA SCHUG-WILLE, *L'arte bizantina*, Milano, 1969. AA.VV., *I bizantini in Italia*, Milano, 1982.

ALTO MEDIOEVO

Arte del Primo Millennio, Torino, 1951. ARNALDO VENDITTI, *Urbanistica e architettura angioina*, Napoli, s.d. PAOLO VERZONE, *Da Bisanzio a Carlomagno*, Milano, 1968. GUGLIELMO DE ANGELIS D'OSSAT, *Realtà dell'architettura*, Roma, 1982.